感性&ファッション産業の実際

長沢伸也 編

ファッション産業人材育成機構、ビームス、山田松香木店、共立美容外科

KAIBUNDO

推薦の辞

共立美容外科・歯科の久次米と申します。当クリニックでは、日本を代表するラグジュアリー研究の第一人者であられる長沢伸也教授の全面的なご支援のもと、早稲田大学ビジネススクール（ＷＢＳ）において、２０１７年より「感性＆ファッション産業論」という科目名で提携講座を実施いたしております。本講座は、ＳＲＩインターナショナル（スタンフォード大学からスピンオフした国際シンクタンク）によって提唱されたExperience Industry論（経験産業論）、パインⅡ世とギルモアによって提唱された経験経済、シュミットによって提唱された経験価値マーケティングなどの諸理論を学んでいただくのと同時に、実際に経験価値マーケティングを実践しておられる企業の経営者から直接話を伺う機会を提供しているところにその特徴があります。

講座の対象は社会人として働きながらＭＢＡ取得を目指しておられる学生です。理論の習得はもとより、著名な経営者自らが熱弁をふるう姿をライブで見ることができ、かつ、質疑応答を含めたインタラクティブな形式で接することもできることから、自身のビジネスに多くの示唆が得られると、毎年大変な好評を学生から頂戴しております。

さて、ここで簡単ではありますが共立美容外科・歯科と、提携講座開設の狙いについて話をしたいと思います。共立美容グループは１９８９年の開院以来、約30年の歴史を持ち、全国に23院を展開しております美容整形クリニックです。「クオリティの高い、患者さまの立場に立った美容医療の提供」を信念に掲げ、現在もその姿勢を貫いております。医療器具や使用する薬剤に徹底的にこだわり、また、国内や海外で開催される学会などにも頻回に出席するなどして、患者さまのためにつねに先端技術やトレンドをキャッチする地道な努力を惜しみません。医師をはじめとしたスタッフ全員が、つねに最高のクオリティとホスピタリティで患者さまに対応するよう心掛けております。

なぜここまでこだわるのか、ということですが、私どもは医療を提供する事業者ではありますが、広義の解釈ではサービス業者でもあるということです。であるがゆえに、パターナリズム的な思考では患者さまからのご支援を頂戴することはできません。適時に適切な経験価値を患者さまに提供することが重要となります。

どんなに製品やサービスの利便性や機能を追究しても、ときにコモディティ化は避けられない状況にあります。つまり、現代は伝統的なマーケティングのフレームワーク＋αが求められている時代ということです。顧客の感性に訴える、また、経験価値をマネジメントすることは脱コモディティ化の一つの有効な策であり、他との差別化ポイントを構築する上で重要な要素になるのではないでしょうか。伝統的なマーケティングのフレームワーク＋αとは何なのかを考える機会を早稲田大学ビジネススクールで学ぶビジネスパーソンに提供したい、というのが提携講座開設の狙いです。

ゲスト講師はいずれも業界の第一人者であり、感性や経験価値マネジメントの観点から大変参考になるお話を伺うことができました。

また、僭越ながら私ならびに共立美容外科・歯科職員も講義をさせていただきました。本書が多くのビジネスパーソンの現場業務に有用な示唆を提供することができましたら望外の喜びです。

ぜひともお手に取って、経験価値を感じとっていただければ幸いです。

最後になりますが、貴重な機会を頂戴した長沢伸也教授ならびに本講座にご登壇いただきましたゲスト講師のみなさま方に、あらためて深く御礼申し上げます。

医療法人社団 美人会　理事長
共立美容外科・歯科　ＣＥＯ兼総括院長　久次米 秋人

本書の概要

本書は早稲田大学ビジネススクール（ＷＢＳ）で開講されている医療法人社団美人会 共立美容外科・歯科提携講座「感性&ファッション産業論」で、２０１７~18年度に招聘したゲスト講師４人によるゲスト講義の講義録です。

そして、「感性に訴える製品づくり、感性に訴えるブランドづくり」の道を探り、これからの日本企業のものづくりやブランド構築に示唆を与える書です。

本書で取り上げる４社（ファッション産業人材育成機構は企業ではなく一般財団法人、共立美容外科・歯科は医療法人社団）は、いずれも「高くても売れる」「熱烈なファンが大勢いる」「ブランドとして日本で、世界で通用する」「感性に訴える」という特徴があります。

「感性&ファッション産業論」という珍しい科目名の本提携講座は、顧客の感性に訴求する高付加価値ものづくりやコトづくりのあり方、そしてラグジュアリーに代表される高付加価値産業論を扱います。ＳＲＩインターナショナル（スタンフォード大学からスピンオフした国際シンクタンク）によって提唱された経験産業（Experience Industry）、パインⅡ世とギルモアによって提唱された経験経済（Experiential Economy）、シュミットによって提唱された経験価値マーケティング（Experiential Marketing）が理論編として紹介されます。併せて、モノよりコトを売る感性産業や経験産業の典型といえる広義のファッション（装いや美容、ライフスタイルを含む）ビジネスの事例を紹介するとともに、その経営者をゲスト講師として多数お招きしており、本書はその講義録となります。

「日本」発のブランド創造こそが、日本企業の喫緊の課題であることに疑いがありません。経営者自らの言葉の迫力と相俟って、多くのビジネスパーソンのご参考になると確信しております。

本書の成立経緯

早稲田大学ビジネススクールでは、ビジネス界と密接に連携した教育・研究に注力しており、その取り組みの一環として、座学だけではなく、それぞれの立場でご活躍の実務経験者や第一線の研究者の方にゲスト講師としてご登壇いただいております。講義録としては、

- 『感性マーケティングの実践（早稲田大学ビジネススクール講義録）―アルビオン、一澤信三郎帆布、末富、虎屋　各社長が語る―』（同友館、２０１３年）
- 『ジャパン・ブランドの創造（早稲田大学ビジネススクール講義録）―クールジャパン機構社長、ソメスサドル会長、良品計画会長が語る―』（同友館、２０１４年）
- 『アミューズメントの感性マーケティング（早稲田大学ビジネススクール講義録）―エポック社社長、スノーピーク社長、松竹副社長が語る―』（同友館、２０１５年）
- 『銀座の会社の感性マーケティング―日本香堂、壱番館洋服店、銀座ミツバチプロジェクト、アル

ビオン―』（同友館、２０１８年）

- 『ラグジュアリーブランディングの実際―3・1 フィリップ リム、パネライ、オメガ、リシャール・ミルの戦略―』（海文堂出版、２０１８年）
- 『ロジスティクス・ＳＣＭの実際―物流の進化とグローバル化―』（晃洋書房、２０１８年）
- 『地場ものづくりブランドの感性マーケティング―山梨・勝沼醸造、新潟・朝日酒造、山形・オリエンタルカーペット、山形・佐藤繊維―』（同友館、２０１９年）

の7冊をこれまでに刊行しております。

各年度でさまざまなゲスト講師をお招きしているなかで、編者が担当する共立美容外科・歯科提携講座「感性&ファッション産業論」では、株式会社山田松香木店 専務取締役 山田洋平氏、株式会社ビームス 取締役副社長 遠藤恵司氏ならびに寄附元である医療法人社団美人会 理事長 共立美容外科・歯科 ＣＥＯ兼総括院長 久次米秋人氏に２０１７年度、一般財団法人ファッション産業人材育成機構 理事長 萩平勉氏ならびに医療法人社団美人会 理事 島崎友靖氏と事業推進部部長 和田直顕氏に２０１８年度、それぞれご登壇いただきました。

本書は、それぞれのゲスト講師による講義と受講生との質疑応答を収録しており、ゲスト講師の講義録としては8冊目になります。

ただし、出版に際して、講義部分および質疑応答ともに、各登壇者と各企業の広報ご担当様やゲスト講師と編者による加除修正を行っています。

おことわりと謝辞

本書の企画と編纂および質疑応答の質問部分の校正は編者があたり、講義部分と質疑応答の回答部分の校正は各講演者があたりましたが、内容や構成は編者がその責めを負っていることは言うまでもありません。また、各講演者が語った珠玉の言葉を収録していますが、話し言葉と文字とのニュアンスの差異や、間合いや雰囲気が伝わりきれていなかったり、損なわれていたりしたとすれば、編者の力量の限界です。また、諸般の事情により、出版まで時間が経過してしまったご講演については、内容やデータを最新のものに更新しました。

本書が成立する直接のきっかけとなった「感性&ファッション産業論」は、前述のとおり、医療法人社団美人会 共立美容外科・歯科の提携講座です。ご寄附を賜りました上に自らご講義いただいております同法人理事長 久次米秋人CEO兼総括院長ならびにWBSのOBでもある島崎友靖理事と和田直顕事業推進部部長に厚く御礼申し上げます。

末筆になりましたが、お忙しいなか、ゲスト講師招聘に応じてご出講いただきました萩平勉理事長、遠藤恵司副社長、山田洋平専務に深甚なる謝意を表します。また、各企業の広報ご担当のみなさま、とくに一般財団法人ファッション産業人材育成機構 網本香織様と株式会社ビームス 橘(平田)幸子様には、写真のご提供や原稿の確認をいただきました。ゲスト講義の写真撮影と録音は上掲和田直顕氏、WBS長沢ゼミ生ならびにゼミOBの入澤裕介氏と川村亮太氏にそれぞれご尽力いただきました。とくに入澤氏は、編者と共同で2017年度「感性&ファッション産業論」を非常勤講師として担当していただきました。また講義を熱心に聴講し、活発に質問したWBSの受講生の諸君のご協力あっての本書であり、深く感謝しています。また、本書は、海文堂出版の岩本登志雄編集部長ならびに黒沼勇介編集ご担当のご尽力により形になりました。ここに厚く御礼申し上げます。

本書を通じて、「感性に訴える製品づくり、感性に訴えるブランドづくり」の実際と本講座が広く知られることとなり、さらに、これからの日本企業のものづくりやブランド構築のヒントになれば幸甚です。

2019年　初春を寿ぐ都の西北にて

編者　長沢 伸也

なお、本書は平成30年度日本学術振興会科学研究費補助金基盤研究（B）18H00908の補助を受けた。

目次

第1章 ファッション産業の変遷

日　時：２０１８年6月30日（土）10時40分〜12時10分
会　場：早稲田大学11号館９階９０３号室（馬蹄形教室）
講　師：一般財団法人 ファッション産業人材育成機構 理事長　萩平 勉
司　会：ＷＢＳ教授、早稲田大学ラグジュアリーブランディング研究所長　長沢 伸也

〔財団概要〕

名称	一般財団法人 ファッション産業人材育成機構 (Institute for the Fashion Industries, 略称 IFI)
設立	1992年2月21日
所在地	東京都墨田区横網1-6-1 KFCビル11F
電話番号	03-5610-5701
基本財産	約46億円
理事長	萩平 勉
IFIビジネス・スクール(開校 1998年)	
学長	一條 和生
主な事業	繊維産業などのファッション産業としての発展を担う人材を育成するための教育研修, 調査, 資料収集および研究

〔講演者略歴〕

萩平 勉(はぎひら つとむ)

一般財団法人 ファッション産業人材育成機構　理事長

1974年3月	中央大学商学部卒業
4月	株式会社オンワード樫山入社
1997年2月	チェーンストア事業本部長
2003年3月	執行役員ファミリー事業本部長
2009年3月	取締役常務執行役員 生産担当, 生産本部長・営業推進室長
9月	株式会社オンワードホールディングス常務執行役員 生産・物流担当
2012年	一般財団法人ファッション産業人材育成機構専務理事
2014年7月から現職	

一般財団法人 ファッション産業人材育成機構（ＩＦＩ）ビジネス・スクールについて

【萩平】　ＩＦＩビジネス・スクールは、日本のファッションビジネスの次代を拓く「人材」を育成する学校として１９９８年に開校しました。

グローバル化、技術革新、消費者のライフスタイルの多様化など、ファッション産業を取り巻く環境は目まぐるしいスピードで変化し続けています。こうした時代の変化に対応し、国際的な視野を持つプロフェッショナルな人材を育成するため、財団法人 ファッション産業人材育成機構が１９９２年、通商産業省（現経済産業省）、東京都、地元墨田区の支援を受け、自治体と業界（繊維、アパレル、リテール、他３９０社）が出捐した約50億円を基に設立されました。

そして、２０１２年に、一般財団法人に移行して活動を続けていますが、昨年２０１７年には財団設立25周年、ＩＦＩビジネス・スクール開校20周年という節目の年を迎え、本年２０１８年度はリスタートの年として、ファッション業界において一人でも多くのイノベーションを起こせる人間を育てていきたいということで日々努力しています。

ＩＦＩビジネス・スクール設立の目的は、日本のファッション産業に真に役立つ人材の育成。顧客

図表 1-1　2017 年 11 月開催，財団設立 25 周年，IFI ビジネス・スクール開校 20 周年「感謝の集い」

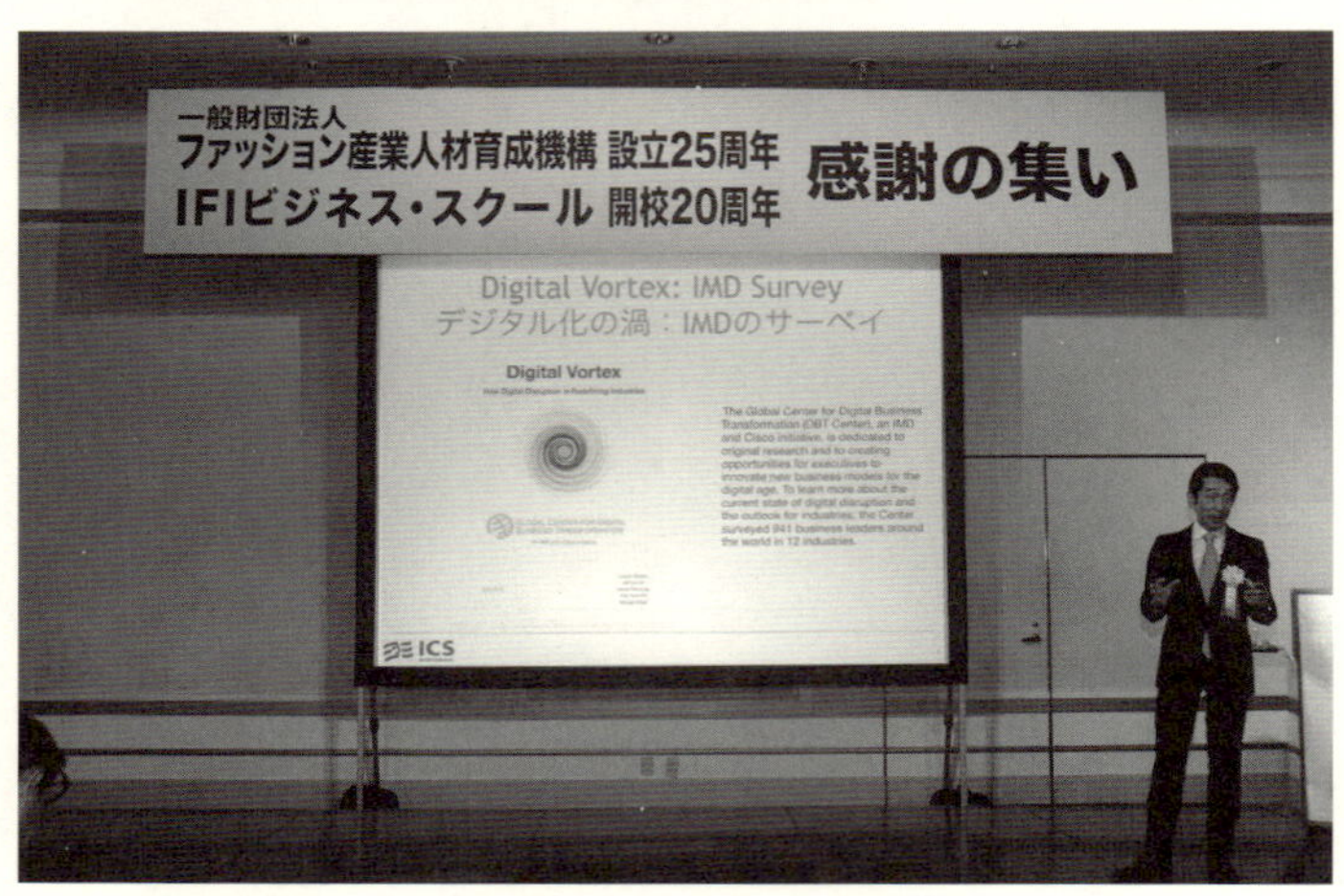

図表 1-2　IFI が育成したい人材像

実学の精神

図表 1-3　実学の精神に基づいた人材育成
（アドバンス・コース講義風景）

少数精鋭での講義

に心から満足してもらえるものをつくったり、買い付けたり、売ったりできる優秀なプロを育てるということです。

そのためには、〝私創る人、あなた売る人〟ということではなく、「創」「工」「商」のお互いの立場と状況を理解できる人材の育成が不可欠なのです。

そういう点では、一般財団法人 ファッション産業人材育成機構が運営するＩＦＩビジネス・スクールは、世界でもユニークなビジネス・スクールなのです。

人材育成というものは、一朝一夕にして成し得るものではありません。時間もお金もかかります。これからのグローバル化とデジタル化の中で勝ち残っていくためには、社会人になっても、教育や人材育成は最も大切なことではないでしょうか。

ファッション業界の変遷

今日は「ファッション業界の変遷」をテーマにお話ししますが、その前に、ファッションとファッションビジネスの概念について述べたいと思います。

ファッションとは、生活表現、ライフスタイル、生き方そのものです。ファッションビジネスとは、そのサービスにより、生活者に夢や感動や発見を提供するものです。

日本に「ファッションビジネス」という概念が入ってきたのは、1968年ごろと言われています。現在、繊維産業、アパレル産業の実態はどうなっているかというと、日本で展開されているアパレル製品で、自国で生産されているものは、もう3%を切っているのが現状です。97%以上の製品が輸入です。

アパレル製品には、すべてインカードあるいは下げ札に原産国が表示されています。見ていただくと、おそらくみなさんの衣類に、原産国日本、メイドインジャパンというものがいかに少ないかわかると思います。

また、素材の産地の規模や縫製工場の数など、全盛期の20~25%くらいまで減っていっているのが実態なのです。産地についてはバラつきはありますが、大きくシュリンクしていることに間違いはありません。例えば、毛織物の尾州、綿織物の播州・西脇、ニットの新潟、合成繊維の北陸。いずれも例外ではありません。

なぜこんなことが起きたのでしょうか。

繊維・ファッション業界の変遷を辿りながら考えてみましょう。

まず、1940~1960年代前半は、生産系、いわゆる繊維が引っ張っていった時代です。東レ、帝人、旭化成といった繊維メーカーが中心となり、ファッション業界をリードしてきました。

1945年に終戦を迎えましたが、戦後、復興の中心となったのは繊維産業であり、日本経済の牽引役を担っていたと思います。とくに1950年代はつくれば売れる大量消費時代への予兆がありました。

話を先に進める前に、為替の問題に少し触れておきます。

1949~1970年まで、1ドル360円固定の時代、そこから1985年のプラザ合意を経て、1986年に1ドル160円、平成不況の1994年に1ドル100円割れ、2011年に1ドル76円、現在は1ドル110円前後です。日本のアパレル製品は、自国生産・国内調達から、海外からの輸入製品が増えてくる中で、為替と関税との戦いでもあったのです。

次に、1960年代後半から1980年代にかけては、生産系から企画系、いわゆるアパレル系が引っ張っていく時代に入っていきます。いわゆる高度成長期に入り、アパレルや百貨店、専門店がファッション業界をガンガン引っ張っていくわけです。とくに1960年代は、1964年に東京オリンピック開催、東海道新幹線（東京~大阪）開通と高度成長前期とも言われる時代でした。そして1966年にビートルズ来日、翌年1967年には、イギリスのトップモデルのツイッギーの来日と、ファッション業界にとっても明るい話題であり、感動や憧れを持ってきてくれました。

ツイッギーが持ってきてくれたもの、それはミニスカートでした。スタイルのいい人もそうでない人も日本の女性の9割近い人がミニスカートをはき、ファッションを楽しんだのではないでしょうか。

また、アイビールックも流行し、ここから一気に日本のファッションが前進していったと思います。

それから1970年代は、高度成長の後期（＝情報化社会）を迎えていくことになりますが、1970年に行われた大阪万博は日本経済にとっても、ファッション業界にとっても大きなインパクトを与えました。そして、高田賢三氏、三宅一生氏といった日本人デザイナーが一躍脚光を浴び、当時パリコレでも強烈な活躍が始まるわけです。

1980年代に入ると、生活の向上＝質の向上が求められるようになります。この時代は山本耀司氏、川久保玲氏が登場し、ファッション業界が一段と盛り上がっていきます。東京コレクションがスタートしたのもこの時代、1985年でした。そしてこのころから、流れは企画系から小売系へと移っていきます。また、1989〜1991年にはバブル期に入り、1991年、1992年にかけてバブル崩壊を迎え、平成不況と言われる時代に突入していくのです。

1990年代は、安い労働賃金を求めて日本のモノづくりが中国にシフトされるようになっていきました。中国でのモノづくりは、アパレル業界だけにとどまらず、ほとんどの業界が中国へ進出していく現象が起き、中国が「世界の工場」と呼ばれる要因となっていきます。

2000年に入ってからは、中国から安価な商品が流入してくるようになり、ファストファッションと呼ばれる、ZARAやH&Mに代表されるような欧米ブランドもどんどん日本マーケットに進出し、グローバル化の波が押し寄せてきました。

2010年代は、グローバル化とデジタル化が一層進み、企業間格差が増していくことになります。現在の繊維ファッション業界（アパレル、小売）の厳しい実態をみると、直近でのターニングポイントは3つあると思います。

①2008年：リーマンショック
②2011年：東日本大震災
③2014年：消費税増税

以上のことは、自粛ムードを高め、消費マインドを冷やす結果となりました。そうなると、衣食住の中で衣の分野だけがとくに下げ幅が大きくなるという現象が起こったのです。

もう一つの要因は、デジタル化により消費構造が大きく変わったことです。

私がいま、個人的に残念なことは、おしゃれにお金をかけない若者が増えてきたことです。もちろん、提供する側にも問題はあると思いますが。

いずれにしても、この直近の四半期において、産業構造が変わり、ファッションを取り巻く環境も大きく変わり、流通まで変わってきた現実をしっかり直視する必要があります。

図表1-4 ファッション業界の変遷

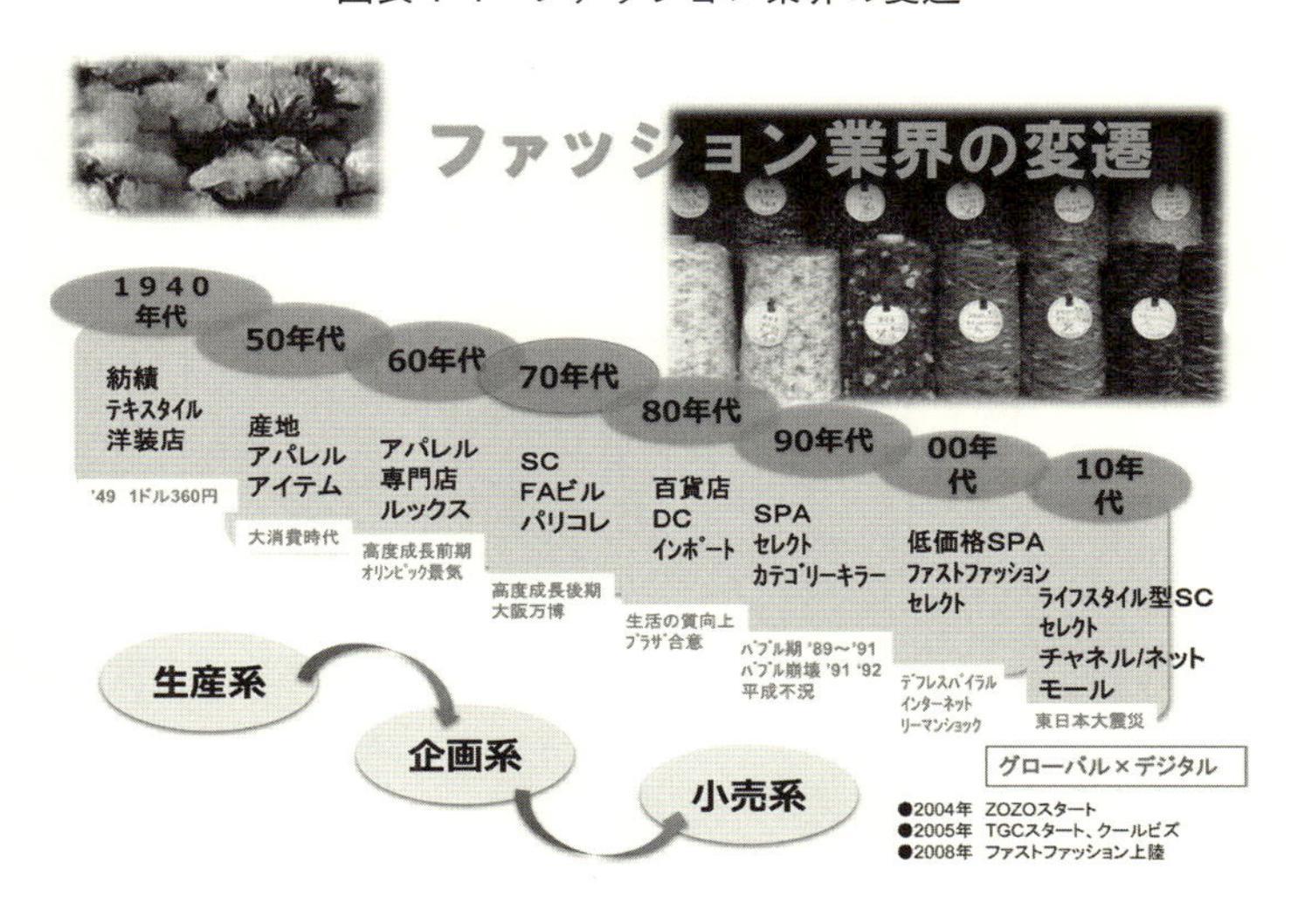

図表1-5 日本のファッション産業の構造
～変化するファッション産業～

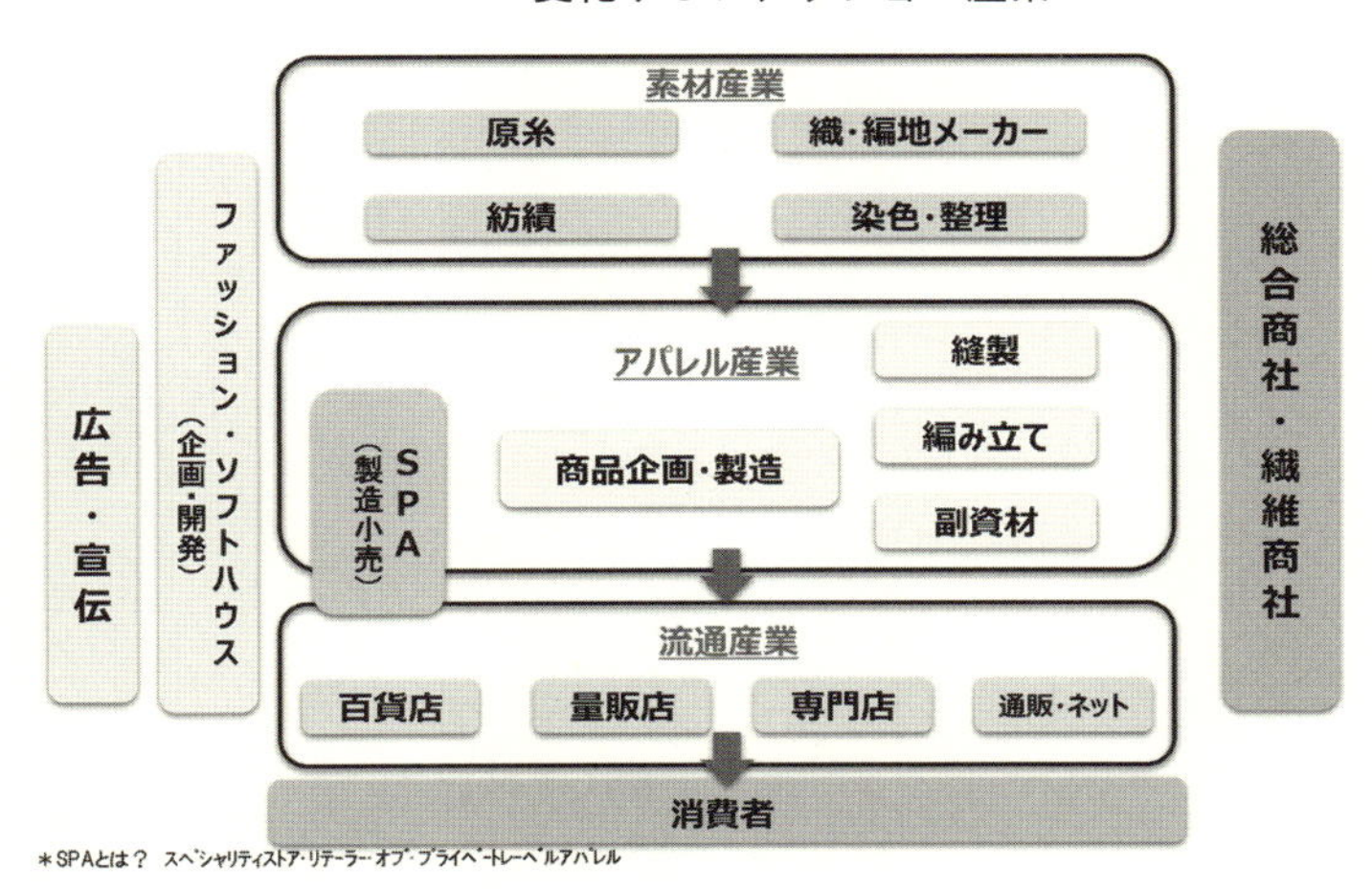

高い技術力を持った日本のファッション産業の強み

日本のモノづくりは、中国を中心に東南アジアにシフトされてきましたが、日本ファッション産業協議会は２０１５年2月に「Ｊ８ＱＵＡＬＩＴＹ」認証制度をスタートさせ、２０１７年9月現在、認証企業数は９００件を上回り、高い日本の技術力から生まれる日本製品を国内のみならず海外に向けて発信しています。

そして、高い技術力を持った日本の優秀な企業、これからお話しするデニムのカイハラさんや合成繊維の小松精練さんは、世界のラグジュアリーブランド、国内外のハイクオリティブランドにしっかり対応しています。

世界に通用する日本のモノづくりということで、一つの団体と二つの日本を代表する素材メーカーを紹介します。

①日本ファッション産業協議会ＪＦＩＣ「Ｊ８ＱＵＡＬＩＴＹ」（ジェイクオリティ）
②カイハラ株式会社（デニム生地メーカー）
③小松精練株式会社（高機能ファブリックの製造・販売）

〔日本ファッション産業協議会 JFIC「J∞QUALITY」〕

図表 1-6　J∞QUALITY コンセプト

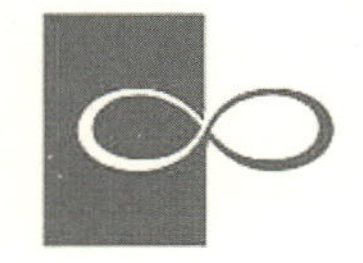

J∞QUALITY
日本の技術と美意識の証

脈々と受け継がれてきた日本のものづくり。
その品質には、日本ならではの精緻な技術の数々と、
内側にあるコンセプトやストーリーを大切にした
無限大の美意識と創造力が注ぎ込まれています。

▦PASSION＝つくり手の深いこだわり
▦PERFECTION＝精緻で丁寧な仕上がり
▦TRACEABILITY＝ものつくりの履歴がわかる
▦SAFETY＝安全・安心

いま、その品質に魅了され「日本を纏う」人が
世界中で増えています。
強まる「本物志向の時代」の中で、商品の優位性を高め、
日本製の商品を選ぶ本物志向の消費者の
さらなる創出に寄与していきます。
いま、生産者と消費者が求めているもの。
それが、本当の日本品質の証明
「J∞QUALITY」なのです。

図表 1-7　J∞QUALITY 認証商品

図表 1-8　J∞QUALITY 認証商品フローチャート

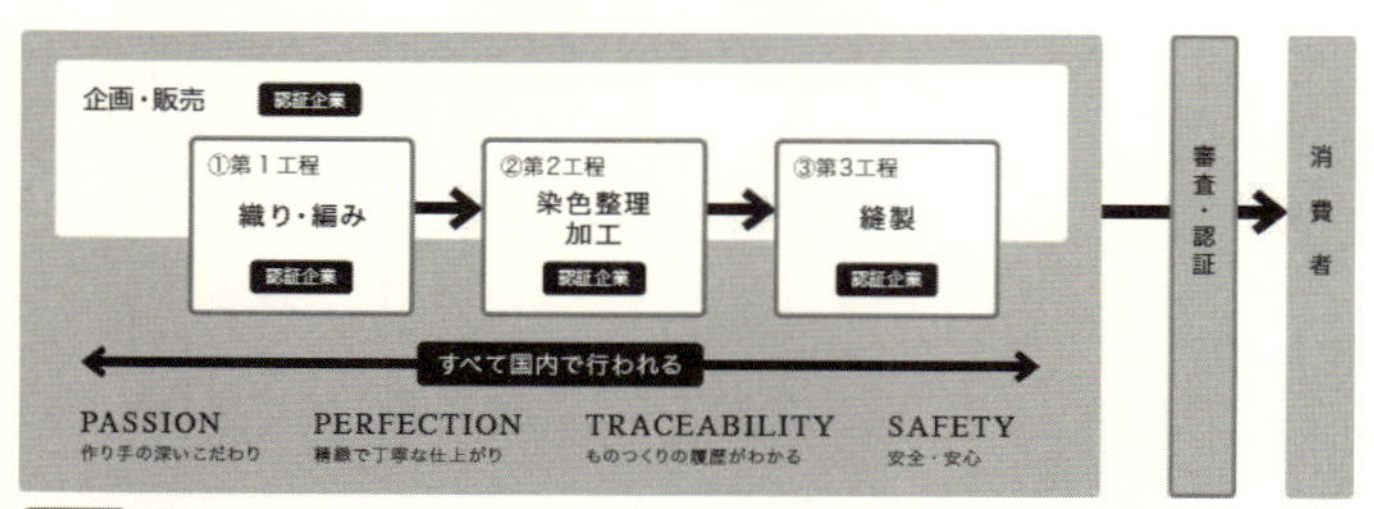

認証企業 = J∞QUALITY MEMBER。JFIC の定める安全・安心、コンプライアンスに関する事項をクリアした事業所。

尚、ふとんの場合は①織り・編み②染色整理③ふとん縫製④製綿・精毛⑤ふとん製造の5工程、
寝装品の場合は①織り・編み②染色整理③寝装品縫製の3工程になります。
また、靴下の場合は①編立②染色整理の2工程になります。

〔カイハラ株式会社　会社概要〕

創業	1893 年
設立	1951 年 3 月
資本金	1 億 5 千万円
代表者	代表取締役会長　貝原 良治 代表取締役副会長　貝原 潤司 代表取締役社長　貝原 護
従業員数	727 名（カイハラ㈱ 43 名，カイハラ産業㈱ 684 名） （2018 年 3 月現在）
事業内容	デニム素材の一貫生産（紡績，染色，織布，整理加工）および販売
本社	広島県福山市新市町常 1450

エンドユーザー（順不同・法人名称）

ユニクロ，EDWIN，Levi's，Lee，GAP，J.CREW，AG，Rag&Bone，moussy，オンワード樫山，ワールド，レナウン，POLO などの国内外の著名ブランド

図表 1-9　展示ショールーム

図表 1-10　素材開発

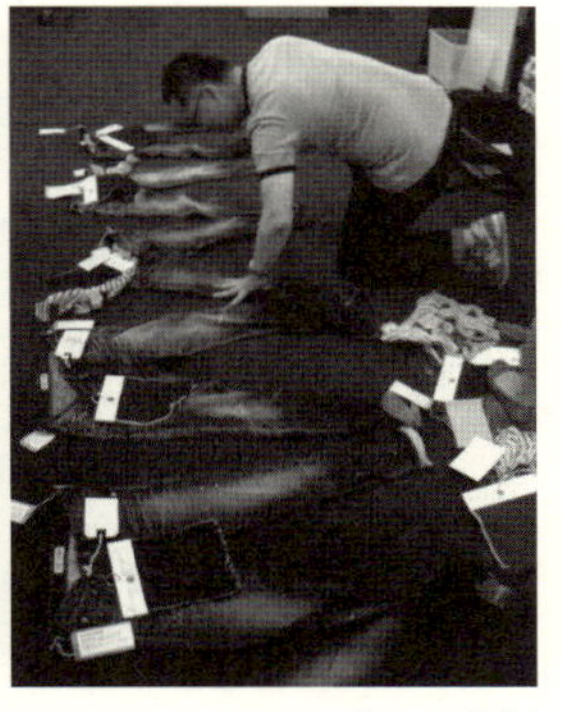

膨大なサンプルの中から洗練され研ぎ澄まされたカイハラのデニム素材は，国内・海外の著名ブランドで展開されています。

〔小松精練株式会社　会社概要〕

設立	1943 年 10 月
代表者	代表取締役社長　池田 哲夫
資本金	46 億 8,042 万円
従業員数	単体 809 名，グループ企業 484 名，合計 1,293 名 （2018 年 3 月 31 日現在）
売上高	38,679 百万円（2018 年 3 月期連結）
本社	石川県能美市浜町ヌ 167
事業内容	ファッションファブリック，高機能ファブリック，ハイテク・エコ素材 ラグジュアリーブランドにも対応

図表 1-11　繊維会社が提案する新建材によるファブリック・ラボラトリー

世界的建築家隈研吾氏が設計した，炭素繊維素材を用いた世界初の耐震補強構造

図表 1-12　フランス・パリで開催されるテキスタイル国際見本市に出展

中国の躍進（IT産業で日本の先を行く中国）

次に、アパレル製品の生産拠点であり、東アジア最大の消費国でもある中国についてお話しします。ファッションというと、我々はすぐに欧米を頭に思い浮かべますが、いまや「世界の工場」から「世界一の消費国」を目指し、さらにIT分野においても躍進を続ける中国を無視してファッション産業は語れないと思います。

2000年の世界GDPランキングでは、1位アメリカ、2位日本、3位ドイツ、4位イギリス、5位フランス、6位中国でした。

2016年のランキングでは、1位アメリカ、2位中国、3位日本となり、中国のGDPは日本の2〜3倍にまで膨らんでいます。そして2050年には中国はアメリカを抜いて1位になると予想されています。

そして、次に出てくるのがインド。2050年にはインドは2位のアメリカについで3位まで上がってくると予想されています。日本は4位で踏みとどまればいいのですが、アメリカの経済学者たちの中には8位前後まで落ちるのではないかと推測する人がいるのも事実です。

この資料（図表1－13）はいまからちょうど10年前に中国の市場展望というテーマで日本と中国

図表1-13 中国市場展望（世界の衣料生産国から消費国へ）

【日中衣料品市場比較】 日本化繊協会資料：繊研新聞

	日本	中国
2008年	12.5兆円	12.0兆円
↓		
2020年	9.0兆円（72%）	40.0兆円（333%）

【40兆円のゾーン別内訳】 中国国家統計局

ゾーン	金額	人口
High End	9兆円	1.2億人
Upper Middle	6兆円	4.8億人
Middle	12兆円	
Low End	13兆円	8.0億人

の衣料品の市場比較をしたものです。

２００８年は、日本と中国の衣料品市場は12兆円前後で同じぐらいでした。２０２０年まであと２年ですが、東京オリンピックのころどうなっているのかというと、日本の衣料品市場は２００８年の７掛けの約９兆円と言われています。

一方、そのとき中国はどうなっているのかというと、衣料品市場は約40兆円。２００８年と比較し３倍以上の規模になっていくだろうと予測されています。富裕層、アッパーミドル、ミドル層、それからローエンドというように分類したときの、富裕層いわゆる大金持ちの人口が１億２０００万人。これはもう間違いなくすでに存在しています。そして、いわゆるアッパーミドル、ミドルって言われる中産階級の人たちが約4.8億人。それからローエンド層が８億人ぐらいという構成になっています。ここのパワーがまたすごいですよね。みなさんもご存じのとおり、本当に中国の人たちの購買力はすごいです。お恥ずかしい話ですが、私自身、少なくとも5年前まで、正直言って中国のことを〝上から目線〟で見ていたのですが、とくにこの2年から3年の間にIT企業の躍進によって、ものすごいスピードで成長してきている姿を見ると、ちょっと敵わないかなと感じているのが本音です。

中国は間違いなく、世界の工場から世界最大の消費国に向かっています。13億数千万人の人口がいるということだけは確かです。そしてますます富裕層のボリュームが増えてくるということでもあります。

客観的にみて、中国の2000年前半は、欧米の小売りを一生懸命まねていた時代で、日本の1970年代だと思って間違いないです。2005年ってどんな時代かというと、経済規模を拡大して、どんどん大きくなる時代。それでも日本の1990年代に相当するレベルだった。もちろんGDPもそうですよね。

2010年に入ると、ネットビジネスの拡大で急成長。我々はいつも「いまの中国は日本のいつごろだな」という見方をしており、2010年代に入っていったときが日本の2000年代の初めぐらいだろうというふうに思っていました。しかし2015年、ここからですね。中国はもう飛躍的に独自の路線を歩む。「2015年は日本のいつですか?」って。もう正直いって言えないです。とくにIT分野では日本の先を行っている可能性はすごく高い。

では、いま中国ってなんでそんなすごいのかと。「ＢＡＴ」って、みなさんも何度か聞かれたことがあるかと思います。サーチエンジンを運営している「百度（Baidu）」。それからＥＣサイトの運営をする「阿里巴巴（Alibaba）」。それとJD.comも、ものすごい急成長です。

それからもう一つ、メッセージアプリの「騰讯（Tencent）」。ソニーだとかMicrosoftをも上回って、メッセージアプリの売上では世界一の企業になっている。そして、将来この「ＢＡＴ」を中心にサーチエンジン、ＥＣサイト、メッセージアプリを開発する、こういった企業が中国をどんどん引っ張っていくだろうと考えられます。

アパレル生産について

日本製品の生産拠点は１９９０年を境に安価な労働力を求めて中国に移っていきます。人、モノ、カネ、技術がどんどん中国に投資され、国内の産地、縫製工場が疲弊しシュリンクしていったのです。

しかし、その中国も２０００年に入ってから労働賃金の上昇により工賃が上がり、再びコストを下げるためにより安価な労働力を求めて「チャイナプラスワン」の名のもとに、ベトナム、ミャンマー、カンボジア、さらにはバングラデシュ、インドネシアと生産拠点を移していくことになるのです。

では、適地生産の条件はどうなるのでしょう。

これは、品質、コスト、納期を考慮した上で、アパレルや商社がこの10年間本当に悩んできました。これからもそうでしょう。

世界に通用する日本の技術力

あらゆる分野において日本の技術力は世界のトップクラスにあると思いますが、日本の繊維ファッション産業も高い技術力を持っています。

とくにＪ８ＱＵＡＬＩＴＹ認証企業に名を連ねる企業の技術は世界に通用する力を持っています。

産地も縫製工場も全盛期と比較すると確かにシュリンクはしましたが、現在勝ち残っている企業には前記しましたカイハラさんや小松精練さんのように世界で戦うグローバル企業

図表 1-14　適地生産の条件

品質	■工場グレード ■調達素材グレード
コスト	■工賃（賃金） ■優遇税制 ■為替
納期	■対日輸送期間 ■国内物流インフラ
生産ロット	■欧米大ロット／日本小ロット
生産キャパ	■日本スタンダード生産のキャパ

が沢山あります。とくに素材関係では、パリのプルミエールヴィジョン、ミラノのミラノウニカなどのテキスタイル展示会で高い評価を受け、ラグジュアリーブランドに多くの素材が取り上げられているのも事実です。そういう意味では、良いものをより良く、強いものをより強くして世界と戦うことが重要なのです。

日本の未来とこれから必要な人材

最後になりますが、いま一番の社会問題になっている少子高齢化の問題に触れたいと思います。将来訪れるであろう3つのターニングポイントが考えられます。

①２０２１年問題
②２０２５年問題
③２０５０年問題

まずは①２０２１年問題ですが、これは２０２０年東京オリンピックが終わった後の日本の経済の行方です。

そして②２０２５年問題は、日本人の４分の１が75歳以上、３分の１が65歳以上という新たな高

図表 1-15　国内人口の長期的推移

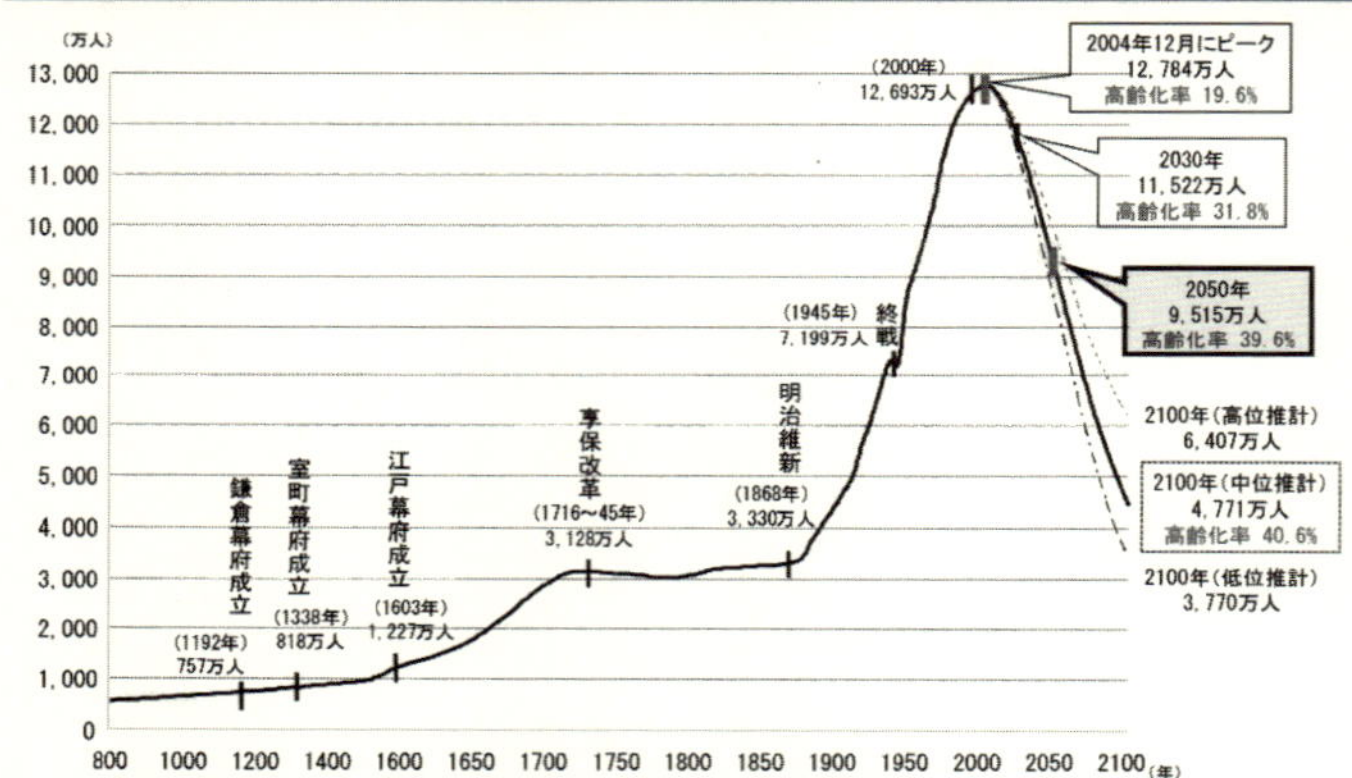

出典：「国土の長期展望」中間とりまとめ 概要（平成23年2月21日国土審議会政策部会長期展望委員会）

齢化社会に突入していくとき。

最後に③２０５０年問題は、日本の人口が１億人を切って９５００万人台になり、約４割の人が高齢者という時代を迎えるとき。

今後は人口減少とともに、ますます進むであろうグローバル化とデジタル化の中で、女性の活躍、ＩＴ人材の育成など、課題は山積していますが、ＩＴ関連の若いベンチャー企業の社長さんたちの中にもファッション業界に目を向け頑張っている人が沢山います。この業界に従事する者全員で、日本の新しいビジネスモデルを構築することが大切なのではないでしょうか。

以上でございます。（拍手）

質疑応答

【司会（長沢）】 ありがとうございました。せっかくですので、質問のある人はどうぞ。

【質問者1（佐藤）】 本日はありがとうございました。佐藤と申します。私の業界はファッション、アパレル業界とはまったく関係がないので素人的な質問で恐縮です。最後のお話で高齢化が今後さらに進むという内容がありましたが、いままでは若い人たちをターゲットとしたマーケティングが中心だったと思います。今後、人口動態の変化に伴い、ターゲットの年齢層も変わっていくと思いますが、そのような将来の展望があれば教えていただければと思います。

【萩平】 みなさんのご両親（65歳以上のシニア層の人たち）は、お金を持ってます。しかし、そういう人たちが満足するようなおしゃれな服が少ないのです。本当にかわいそうです。そういう人たちを対象とした売場やスペースが少ないのも事実です。

　例えば、旅行や車、ゴルフ、釣り、音楽といった趣味を持った人たちが情報収集できるような空間や居心地のいいスペースを商業施設の中につくって、3時間、4時間楽しく過ごしてもらい、そういう人たちが満足してウキウキするような環境をつくりだしてほしいと思います。そして、シニア層の人たちがワクワク、ドキドキするようなファッションを展開してほしいと思います。シニア層の人たちはおしゃれな人が多いのです。マーケットは間違いなく活性化します。これから必ずそういう時代が来ると思います。

【質問者2（島根）】 お話ありがとうございました。私の母がアパレルで働いていることもあり、素材や日本の技術に関心があります。今日もCOOHEM（コーヘン）のスカートを履いています。

【萩平】 COOHEMの社長はうちのスクールの出身者なんですよ。

【質問者2（島根）】 本当ですか。私、このブランドの大ファンです。

【萩平】 素晴らしいですよ、彼は。

【質問者2（島根）】（COOHEMの生産地の）山形まで行こうかなと思っていまして。

【萩平】 ぜひ行ってあげてください。

【質問者2（島根）】 いま、日本はすごく技術力があり品質は高いがIT分野においては遅れているというお話を伺いました。逆に、いま一番そのIT分野で進んでいるアパレルは、どのようなところがあるのか教えていただけたらありがたいです。

【萩平】 SPA（製造小売業）型の企業の代表として、ユニクロさん、無印良品さんはデジタル化が進んでおり、情報システムの分野では先行しています。例えば、無印良品のMUJIパスポートなどは代表的なものと言えるでしょう。モノづくりから在庫管理まで徹底されており、ネット販売においても順調に売上を伸ばしています。また、今後の重要な課題として物流問題があります。この分野でも口ボット化が進んでおり、各企業がＡＩの活用により生産性を上げる努力をしています。

【質問者3（山羽）】 山羽と申します。本日は貴重なお話ありがとうございました。日本は技術力に優れていると思うので、世界に打って出るような革新的なデザイナーが生まれて、ファッションを変えるようなことができたら世界に通用するブランドができると思うのです。そのデザイナーが考える服のデザインの影響力について伺いたいなと思いました。

【萩平】 1970年代、80年代に、世界で活躍する日本人トップデザイナーが登場しましたが、その後を継ぐデザイナーがなかなか現れません。その理由として、業界全体がちょっとシュリンクしてしまったことも要因の一つに挙げられるかと思います。

現在、日本の若手デザイナーを支援するために経済産業省も立ち上がり、2018年に「若手デザイナー支援コンソーシアム」が設立されています。これは日本初のトップラグジュアリーブランドの創設を目指しファッション関連業界が官民連携で一致団結し、若手デザイナーを支援する取り組みです。

服が売れる要因を挙げると、さっき話したツイッギーのミニスカートのようにスカートの丈が大きく変化したとき、あるいはトレンドカラーが大きく変化したとき、また機能的な素材が開発されたときとさまざまですが、やはりデザイナーの感性がとても重要です。

いま、国内はもちろんですが、パリやアントワープなど海外で勉強してきた若手デザイナーたちも沢山出てきて活躍しています。そういう人たちに期待して支援していくことも大切だと思います。

とにかく、世界に通用する、次代を担うデザイナーの出現が望まれます。

【質問者4（外川）】 外川と申します。本日はお話ありがとうございました。私は不動産業界なので、個人的にもコンセプチュアルな、いままでターゲットではなかったような人たちをターゲットにした商業施設は可能性があるかなと思っていますが、反面、個人的にはZOZOTOWNやAmazonを利用する機会も非常に増えています。ZOZOSUITのような新しい業態が出てきて、リアル店舗の優位性がかなり失われてきたとも思っています。

我々不動産業界からすると、リアル店舗を重視していただけるのは非常にありがたいのですが、売る側、ファッション業界のほうから見ると、今後リアル店舗や売場についてはどう見られているかを教えていただけるとありがたいです。

【萩平】 いま、若い人たちのネットでの購買比率が高くなってきているのは事実ですし、企業側もeコマースでの売上を上げるために一生懸命努力しているのも事実です。しかし一方では、いまここにきて実店舗の重要性を再認識し、時代性に合った店舗、売場づくりをしています。

例えばAmazonがホールフーズを買収したり、すごいブックストアをつくったり、逆にリアル店舗を増やしています。「阿里巴巴（Alibaba）」も、プラットフォームづくりをしてネット販売の売上を拡大して急成長してきましたが、直近では実店舗づくりに力を入れています。

そういう意味では、リアル店舗の役割と重要性をしっかり把握していると言えます。

【司会（長沢）】 今日はファッション産業人材育成機構の萩平勉理事長に貴重なご講義をいただきました。最後に感謝をこめて拍手をお願いします。どうもありがとうございました。（拍手）

第2章 ビームス的マーケティング手法について

日時：2017年7月1日（土）14時45分〜16時15分
会場：早稲田大学26号館（大隈タワー）7階702号室（エグゼクティブ教室）
講師：株式会社 ビームス 取締役副社長　遠藤 恵司
司会：WBS教授、早稲田大学ラグジュアリーブランディング研究所長　長沢 伸也
音声起こし：WBS学生　吉冨 朝香

〔会社概要〕

名称	株式会社 ビームス
業種	小売業（アパレル）
設立	1976年2月
店舗数	国内154店舗
	海外10店舗（北京，香港，台北，バンコク）
年商	793億円（2017年度実績），前年比107%
正社員数	2,080名（男性1,040名，女性1,040名）
平均年齢	34歳（男性37歳，女性32歳）

〔講演者略歴〕

遠藤 恵司（えんどう けいし）

株式会社 ビームス　取締役副社長

1951年10月3日　東京都新宿区生まれ
東京教育大学付属高校より
1975年　慶應義塾大学卒業後，同年，日本航空㈱入社
営業，客室，宣伝，関連事業などの部門を担当
1980年6月より西ドイツゲーテインスティテュート留学後，フランクフルトに駐在
本社宣伝部を経て㈱ジェットストリーム設立に参画
1987年　米州地区支配人室へ異動，ニューヨーク駐在
現地法人JALインターナショナルサービスINC.を設立し，同社代表取締役社長就任
1990年　日本航空㈱を退社し，㈱ビームスの経営に参画
1995年　㈱ビームス 専務取締役に就任
2002年より現職
小学校より大学まで同級生であった友人（電通OB）とパートナーを組み，日本の若者風俗，文化を変えるべく2,000名の若いスタッフとともに奮闘中。

<役職>

- スペシャリティストアーズアソシエーション 代表幹事
- 軽井沢プリンスショッピングプラザ テナント会 会長
- 沖縄アウトレットモールあしびなー テナント会 会長
- （公社）日本チアリーディング協会 顧問
- 拓殖大学 客員教授
- 上智大学 講師
- 慶應義塾連合三田会 常議員
- （公社）日本服飾文化振興財団 評議員　など

航空会社からファッション業界へ

【遠藤】 まず私の簡単な経歴についてお話しします。私は1951年新宿区早稲田の生まれです。私の母校である東京教育大学付属高校は、当時、運動部も強かったけれど、東京大学へたくさん入る学校でした。校風はかなりリベラルでした。私は慶応大学に進みますが、実は敵地早稲田生まれの早稲田育ちというご縁であります。

今日はファッションの話ということで参りました。ビームスという会社はみなさんご存じでしょうか。私は大学を出てから日本航空に勤めてまして、ビームスに参画する前はニューヨークの日本航空現地法人の社長をやっていました。33歳ということで最も若い子会社の社長と言われました。日本航空、当時は大変優れていまして、私たちのような若い人たちに、とにかく裸一貫で、アントレプレナーとして起業するチャンスをくれていました。これが大変な人材育成になるわけです。私はニューヨークへ行かせてくださいということで手を挙げて、宣伝広報関係の会社を創業したわけです。

シンガポールへ行ってクルーザー会社をつくった者もいれば、シカゴへ行って不動産会社をつくった者もいて、みんな30代半ばで、とにかく当初の資金だけ出すから、1500万だったか、あとは自分たちでプランニングしてやりなさいということでした。

4年半ほどニューヨークに居ました。ちょうどバブルの真っ最中でした。三菱地所がロックフェラー・センターを買収したり、第一不動産がティファニーのビルを買収したり、日本の企業がどんどんバブル経済の波に乗って海外の資産を買い占めていた。ちょうどいまの中国と日本の関係みたいなものですね。本当に大変景気のいい時代でした。私も仕事で奮斗して、最初3人で始めて、「ニューヨーク・タイムズ」で求人募集して2人アメリカ人を雇って、自分で帳簿も付けて、部屋も借りて、家具も運び込み、本当にゼロからやらせてもらいました。私が帰任するときは会社らしい会社になってました。日本航空本体に資金を回すぐらいの売上利益を上げるところまできて、仕事としてはやり尽くした感じがありました。

そして東京に帰任するタイミングがきました。本社に戻ると当時36、37歳なのでまだ課長補佐なんです。そして、またあの2万人の大きな組織の中でやるのかと。私は日本航空が大好きでしたが、自分がトップをやることの面白さっていうのを味わってしまったので、本社に帰って歯車になるより、自分自身で何かやろうと、実は思ってました。

ところがそこで、運命のいたずらというか、人生を変える出来事が起こるのです。ビームスというのは、私と社長の設楽でそれぞれの役割りを分けながらやってきた会社です。設楽は細かいことが苦手な発想型人間。私は細かいことも得意などちらかというと実務型人間。彼は東京教育大学付属の同級生で小学校から慶応大学まで一緒でした。彼は電通という会社に入って仕事をしてました。彼の父親は、もともと段ボールのパッケージの会社を戦後に立ち上げてやっていたんですが、１９７３～１９７４年にオイルショックがありまして、そのときに紙関係が構造不況になり、パッケージ製造はもう難しいということで、何か探してたんですね。

新宿の飲み屋でたまたま横に座っていた若者たちと意気投合し、出資してファッションの店をやるんだということで、原宿警察の斜め前ですけれども、そこの雑居ビルの隅のたった6坪で始まりました。それが1号店です。設楽の父親はそういう大胆な人でした。

当時はセレクトショップっていうのは珍しくて、彼らも本当に服好きでしたから、アメリカへ行って、それこそＵＣＬＡの生協みたいなところで、トレーナーだとか靴とか買い込んで、手持ちで日本に持ってきて売るんですね。１９７６年のことです。ビームスは今年41年目を迎えますけれども、ちょうど「ＰＯＰＥＹＥ」という雑誌も創刊が１９７６年です。海外へ行って買い付けをして、日本に持ってきて売るという、商売の原点みたいなことを、まさにセレクトする目を持ってやり始めたんです。

日本にも感性の高い人たちが当時からいまして、ビームスっていうのはなかなか面白いということで、非常にいいお客さまが付いたんですね。2店舗目はファイヤー通りという渋谷の消防署の近くに出しまして、設楽も、父親がつくったビームスですから、電通を途中で辞めて、ビームスをやるために、一足先に入ってたんですね。

ビームスの転機

１９８９年、スタッフが大量に退社をするという事件が起きました。当時アパレル会社というのは、川上、川下っていう言葉がありますけれども、ものづくりをして、あとは百貨店とかに卸すというのが基本だったんですね。自分のところで小売りのお店を持つというのはまずなかった。だから、いわゆるアパレル会社はものをつくり出すところ、販売に関してはどこかにお願いをするという形のすみ分けがあったんですが、あるアパレル会社が小売りを始めるために人材が必要になった。

ビームスという、ちっちゃいけれども、なかなか感性のある若者たちがやってる面白い店があるから、そこから人を引っ張れば、小売りができるじゃないかというふうに思ったらしい。

地方は熊本店が1号店でした。熊本はなかなかファッションが早いところだったんです。いまはビームスは全国に１５０店舗ぐらいありますけども、本当に当時は店も少なくて、それを支えていたメンバーの多くが退社しました。店長、それからバイヤーですね。海外に出掛けていたレディース、メンズのバイヤーもです。あるとき突然、天国と地獄が繰り返すみたいなことになったわけです。重要なスタッフが引き抜かれてしまった。

ちょうど１９８８~１９８９年に一つのブームがあったんですね。それが渋カジブームという、渋谷カジュアルの略ですけども、ＢＯＡＴ ＨＯＵＳＥのロゴが入ったトレーナーが飛ぶように売れたり、当時はインターネットの情報もないのに店に長蛇の列ができるというようなことが起きた。ビームスの渋谷店も、渋カジブームの立役者だった。１億円ぐらいの売上だった店がいきなり３億円ぐらいになっちゃったんですね。だから店もスタッフも大変ですよね。でもそのぐらい飛ぶように売れるブームがあった。そのときに利益が出て、税金を納めるのがもったいないから、期末ギリギリに、宣伝費という形で使えないかということで、オートバイの鈴鹿８時間耐久ロードレースのスポンサーをしようということで、ＨＯＮＤＡのチームの生沢ＨＯＮＤＡのスポンサーをやったわけです。

そうしたらいきなり優勝してしまって。ところがレースにも祝勝会にも抜けたメンバーたちは来ませんでした。戻ってきたら翌日の役員会で辞表が束になって出たということで、一日にして、そういう天と地の落差というものを経験することになったわけです。

私はそのときニューヨークにいまして、ちょうど帰任する話があって、さきほど言ったように迷っていた時期です。自分も何か事業をやるつもりだけれども、それまでの時間があるから、ビームスも知ってるし、一緒に立て直そうということを６歳から一緒の親友である設楽との話し合いの中で決断することになったのです。

ニューヨークでは、ＪＡＬインターナショナルサービスという会社をつくりましたけど、国内でも２つ、会社づくりをやってまして、そういう起業マネジメントみたいなものは自分でも経験があったし、自信があったんですね。ですから、とにかく立て直そうということで、ビームスに参画することになったんです。

それからが大変だったんですけど、お店は営業していますから、お客さまはその裏側で何が起きているかなんて知りません。ですからお店には普通に来ていただける。こういうお客さまたちを失うことはできないということで、何とか存続させるためにどうしたらいいかっていうので、外から人を補充して採るかという話もあったし、手を挙げてくれる人たちもいましたけども、そのとき決めたのは、残ったメンバーで頑張ろうということでした。

残ったのはほとんど20代の独身です。私と設楽だけは30代の既婚者。みんな体力も気力もあったんです。抜けていったメンバーに対する対抗心っていうのもありました。とにかく頑張ったんですね。その頑張ったメンバーがいまのビームスの土台をつくった。いまの役員はほとんどそのときからのメンバーです。

小売りというのは赤字でつぶれるんじゃないんですね。なぜつぶれるかっていうと、資金繰りがつかなくてつぶれるんですよ。とにかく不渡りを出したり、支払いができなくなって、お金が回らなくなり、会社っていうのは立ち行かなくなるわけですね。だからBS、PL（財務諸表）ではないんです。とにかく一番大事なのは、いわゆる資金繰り、キャッシュフローなんですね。

倉庫は在庫の山でした。売上が40億円程度でしたから、いま考えるとそんな大したことない在庫のようですが、当時にしてみたら大変。練馬のほうにちっちゃな倉庫がありまして、そこが本当にもうパンパンだったんですね。よく覚えてます。その在庫の山をとにかく売らないと、資金が続かない。それで、最初、トラックにそれを乗っけて、いろんなところでセールをやりました。売りまくって、とにかくお金をつくって切り抜けたっていう記憶があります。

あとは、頑張ってるのに、また1人、2人って辞めていくんですよ。やっぱりこれが一番きつかったですね。最初にスパッと30数名辞めていって、その人たちと気持ち的につながってる人たちがいるわけですね。そういう人たちが、いろいろ迷ったけど出ていく。だからせっかくこっちが一丸になって頑張ろうとしても、ポロポロそういうこともあって、本当、いつつぶれてもおかしくない状態が1年半ぐらいは続きました。

私は、もっとショートタイムで、リリーフで考えていたのに、なんかやってるうちに、残って頑張ってるスタッフたちと、気持ちのつながりも強くなってきて、設楽との新しい関係もできましたし、とにかく行くとこまで行くしかないなというふうに思うようになりました。当面はとにかくビームスという会社をつぶれないように、そして恥ずかしくない会社にしようというふうに思いだしたのが3年目ぐらいです。

当時は辞めた人たちとお互い微妙な関係でしたが、いまはいい関係です。そのころはライバル意識を燃やしながらやってましたので、それが、日本のファッション業界って言ったら大げさですけれども、いわゆるセレクトショップの業界を引っ張ってきたことだけは事実です。

　そんな中で気がついたら30年、私もビームスでやっていまして、今年は新卒を120名採りましたけど、これほどの人数を採るような会社になるとは、当時、夢にも思っていませんでした。売上も今年、800億円が視野に入ると思います。大きいことは決していいことじゃないんです。そういう話は後でしますけれども、ただやっぱり、大きくなったからできることもたくさんあるし、できてきたこともたくさんありました。結果的には30年でそういう規模の会社になってしまいました。

　ビームスの30年前の大量退社事件は、そういうことも人生の中でありますよっていう、一つのお話として聞いといてください。僕も人生変わりましたから。自分でこうしようと思わなくても変えられちゃ

図表 2-1　売上推移

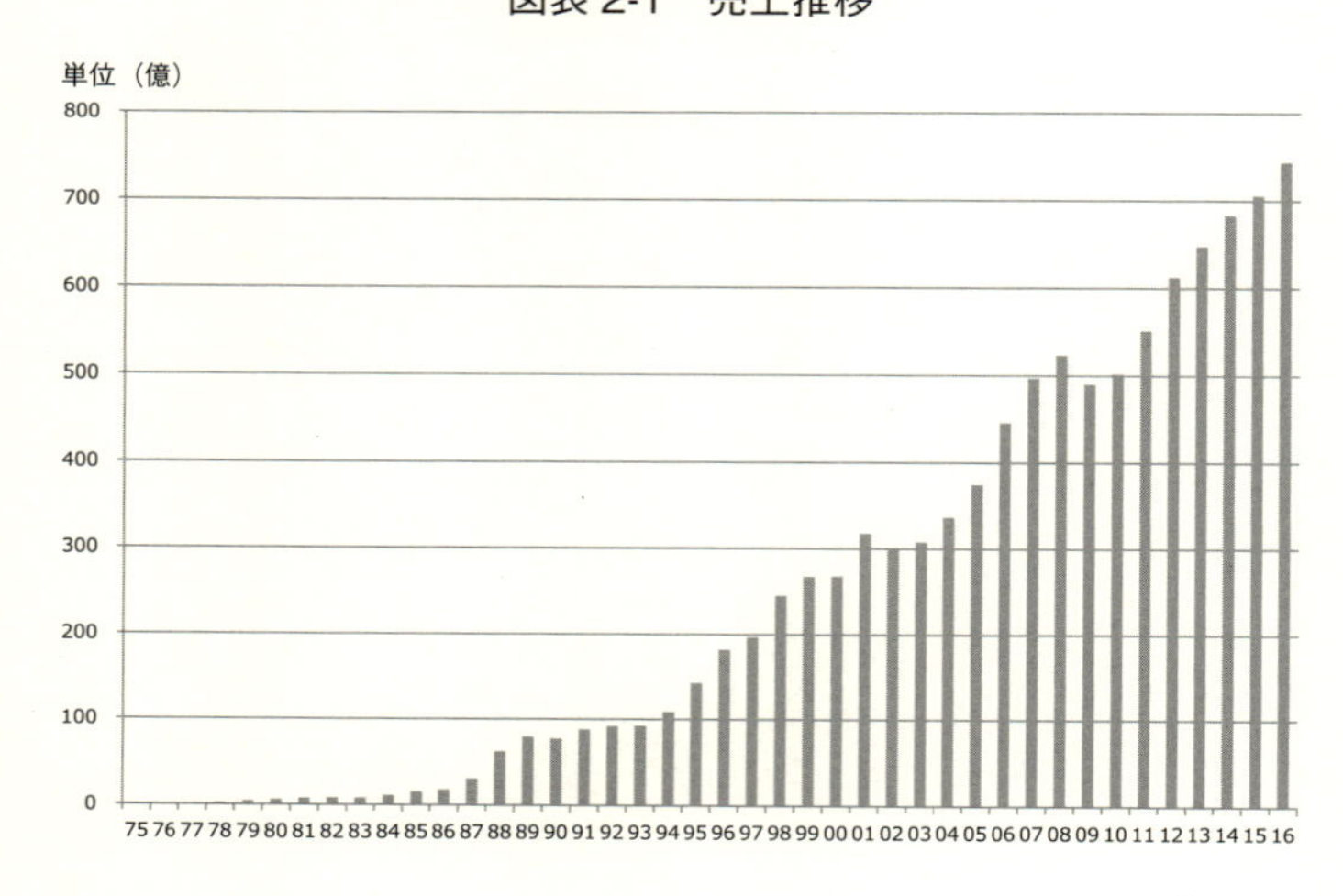

うことってありますよね。その一つの例です。

これが売上推移ですけれども（図表2-1）、私がさっきお話ししたようなことがこの中に全部示されてまして、1987年から1988年にかけて、ちっちゃいですけど売上が倍増してますよね。1989年も伸びてますよね。ここが渋カジブームです。スタッフの大量退社が1989年ですから、さきほど言ったように、ここで売上も利益も上がり、そういう動きがあってビームスが苦難に直面したということで、1990年に売上が落ちてます。ここから頑張って、ずーっとやってきた売上の推移であります。

ビームス集団の特徴

それで、ビームスは会社ではあるけれども、いわゆる会社らしくない集団にしようということでやってきて、いまだにこういう運動会をやってます（図表2-2）。これ700人くらいいるんですけれども、このときのテーマはけん玉ということで、全員にけん玉を持たせて、ギネス認定員の人たちを呼んで、とめけんっていうんですけど、丸いとこに差すやつね。「いっせーのーせ」でやるんですけど、それが一遍にやって何人できるかというのを競うギネスの世界記録に挑戦しまして、世界記

図表 2-2　社内運動会「ビームススポーツフェスティバル」にて，
けん玉競技のギネス記録を達成（2014 年）

録をつくりました、1回で。

私と設楽はけん玉世代なのに失敗しましたけどね。うちの若い連中はけん玉を初めて持ったスタッフも多くて、オフィスのスタッフなどは、2週間くらい前から仕事のかたわらけん玉の練習に集中して、ずーっとオフィスでやってましたけど。すごいですよ。成功率からいったら7割。「せーの」で7割の連中が見事に入れまして、ギネス世界記録を達成しました。こんな一見変わったことをやるのもビームス、こういうことを大事にしてます。社員旅行もやってますし、前回はハワイに行きました。

これがさきほど言った、ビームス創業の地ですね（図表2－3）。いまはきれいなお店だけど、雑居ビルだったんです。宝石屋さんだとか占いの館だとかが入ってまして、正面の階段の左奥で、6坪でスタートしたのがビームスであります。その後このビルは買い取りまして、全館ビームスのお店にしています。

日本からの発信

さあ、それで今日のテーマはビームスの話ではありますが、先日、大隈講堂で行われたシンポジウムのパネルディスカッション（章末注）に参加させてもらったときのテーマが、日本からの発信でした。そのときに参加した4社は、そういう試みを一生懸命やっておられるところばかりでした。私たちも、つい先頃ビームス ジャパンという新宿の店をオープンしまして、これは地下1階から5階まで、とにかく日本発信でいこうというふう

図表2-3　ビームス 原宿店　1976年BEAMS創業の地

図表 2-4　BEAMS JAPAN

アッパレ、ニッポン！！

伝統からスタンダード、サブカルチャーまで
誇れる 惚れる ニッポンの宝、大集合！

日本人の感性が活きたファッション、
確かな技術とデザイン力のあるプロダクト、
アートや音楽などのカルチャー、
日本食や名産の数々。

日本のこだわりから生まれたモノ、コト、ヒトがひとところに。
そんな場所があったら
もっと、きっと日本が楽しくなるはず。
もっと、きっと世界がつながっていくはず。

だから、
セレクトショップ、カルチャーショップとして歩みを進めてきた
BEAMS の " 目 " で日本をみつめなおし、
BEAMS が " 人びと " の力を束ねて、
その価値にさらなる光をあてる拠点を創りました。

TEAM JAPAN を結成し、
新しい日本をブランディングするために。

2016 年 4 月 28 日、堂々開店

に決めました。

いままでは世界のいいものを日本に紹介してきたビームスですが、これからは日本にある素晴らしいものを世界に発信してこうじゃないかということを一つのランドマークにしようと思ってつくり替えました。そのお店は新宿にありますけれども、ぜひご覧いただきたいと思うんです。誰が買うんだろうっていうようなものもたくさんありますけれども、ただ、これが思いの外、大変評判になりまして、さまざまなところからの引き合いがあります。

もともとこのビルは（図表２－６ⓐ）、それこそバブルのときに建ってたビルなんですけど、まったく使われないで、数年間、雨ざらしになってまして、私たちがとにかく新宿にお店をつくりたいということで、これに目を付けて買いに走ったんです。有名な家電の販売店と競合になりまして、なんとビームスに落ち

図表 2-5 BEAMS JAPAN（ブランドコンセプト）

日本のこだわりから生まれたモノ・コト・ヒトをキュレーションするBEAMS“TEAM JAPAN”。 ビームスの“目”で日本を見つめなおし、ビームスが“人びと”の力を束ねてその価値にさらなる光をあてる。 BEAMS JAPANは、その拠点となり世界に発信する場所です。

図表 2-6 ビームスジャパンリニューアルオープン（日本発信の拠点に）

ⓐ業界紙「WWD」の表紙

出典：INFAS パブリケーションズ

ⓑビームスジャパンリニューアル記事

Hot Zone

ファッション

ビームスジャパン

「日本」売り込む旗艦店

衣料品店に銘品集う

1階には全国各地から集めた名産品や土産物が並ぶ

出典：日経 MJ

ちゃったんですね。

18年前から自社ビルなんです。ですから、家賃が発生してないっていうこともあって、好きなことをやってきましたけど、このたびはこの自社ビルでぜひ日本発信を、日本のブランディングをやりたいということでスタートしています。

日本には面白いものがたくさんあるんですね。こういったものですね（図表2－7〜10）。もともとビームスはfennicaというセクションをやってまして、fennicaって、フィンランド語でフィンランドからのって意味なんですけれども、北欧のインテリアと日本の民芸とを融合させたお店を、実はずっと前からやっています。うちのロンドンのオフィスの夫婦が発案して20年ぐらいになりますけれども、その下地があったから、こういったこともできています。日本各地の本当に面白いものを集めてきて、ここにはいろいろ並べています。決してこれはインバウンドのお客さまだけを意図したもの、狙ったものではありません。日本人の方たちからいろんな反応をいただいてます。

これがきっかけになって、地方自治体との取り組みも増えていて（図表2－11）、この間も天草市とコラボレーションしたり、道後温泉とは浴衣をつくったり、別府市を紹介する取り組みもしたんですよ。新しい価値創造はビームスは得意なので日本各地の古いものっていうか、伝統的なものをリブランディングするとこんなふうになるということをやらせてもらってます。

ここに出てるのは、本当にいくつかの例ですけど（図表2－12）、東宝の映画「シン・ゴジラ」や、

図表 2-7 日本発信の商材 その①

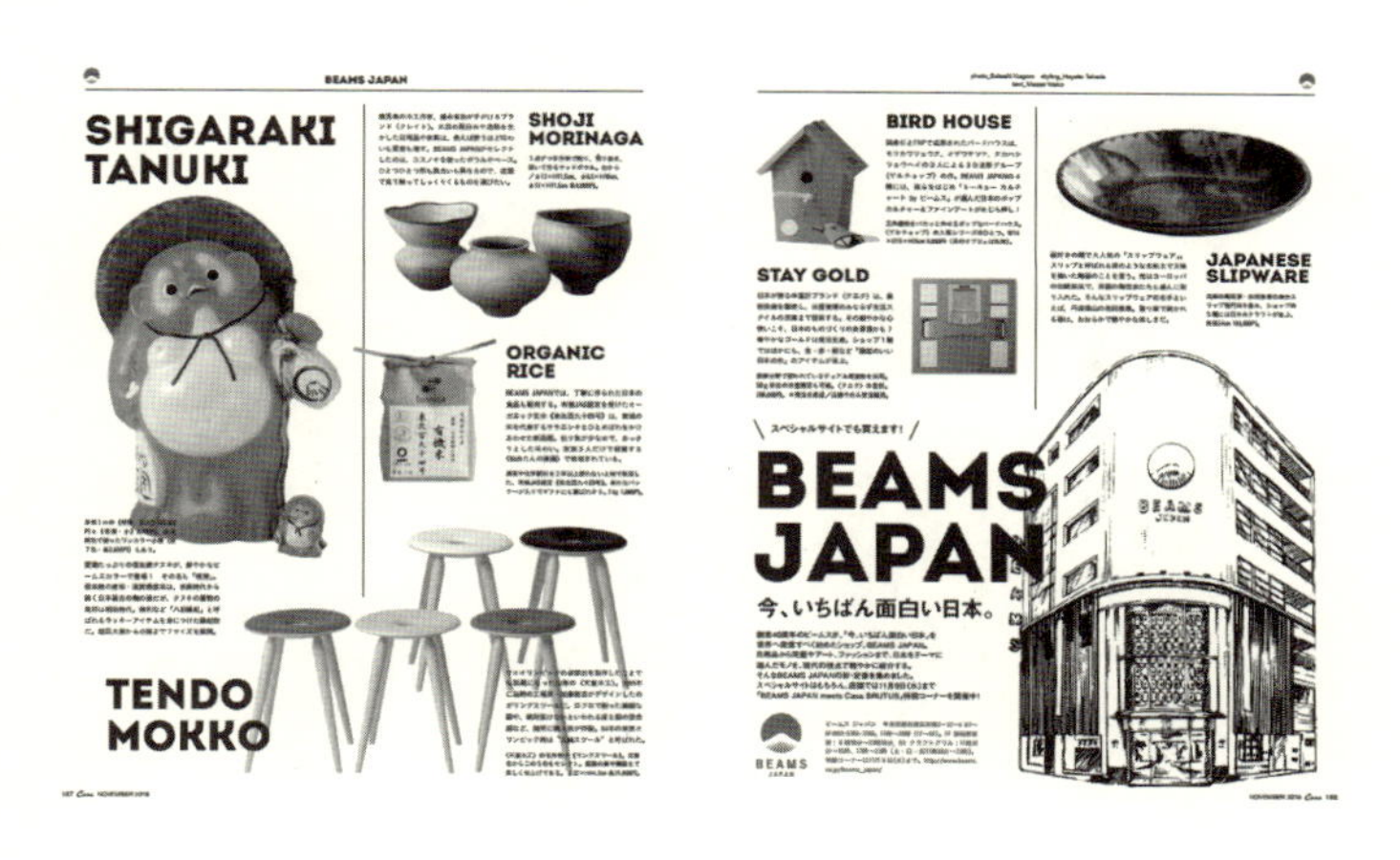
BEAMS JAPAN

SHIGARAKI TANUKI

SHOJI MORINAGA

ORGANIC RICE

TENDO MOKKO

BIRD HOUSE

STAY GOLD

JAPANESE SLIPWARE

スペシャルサイトでも買えます！

BEAMS JAPAN

今、いちばん面白い日本。

図表 2-8 日本発信の商材 その②

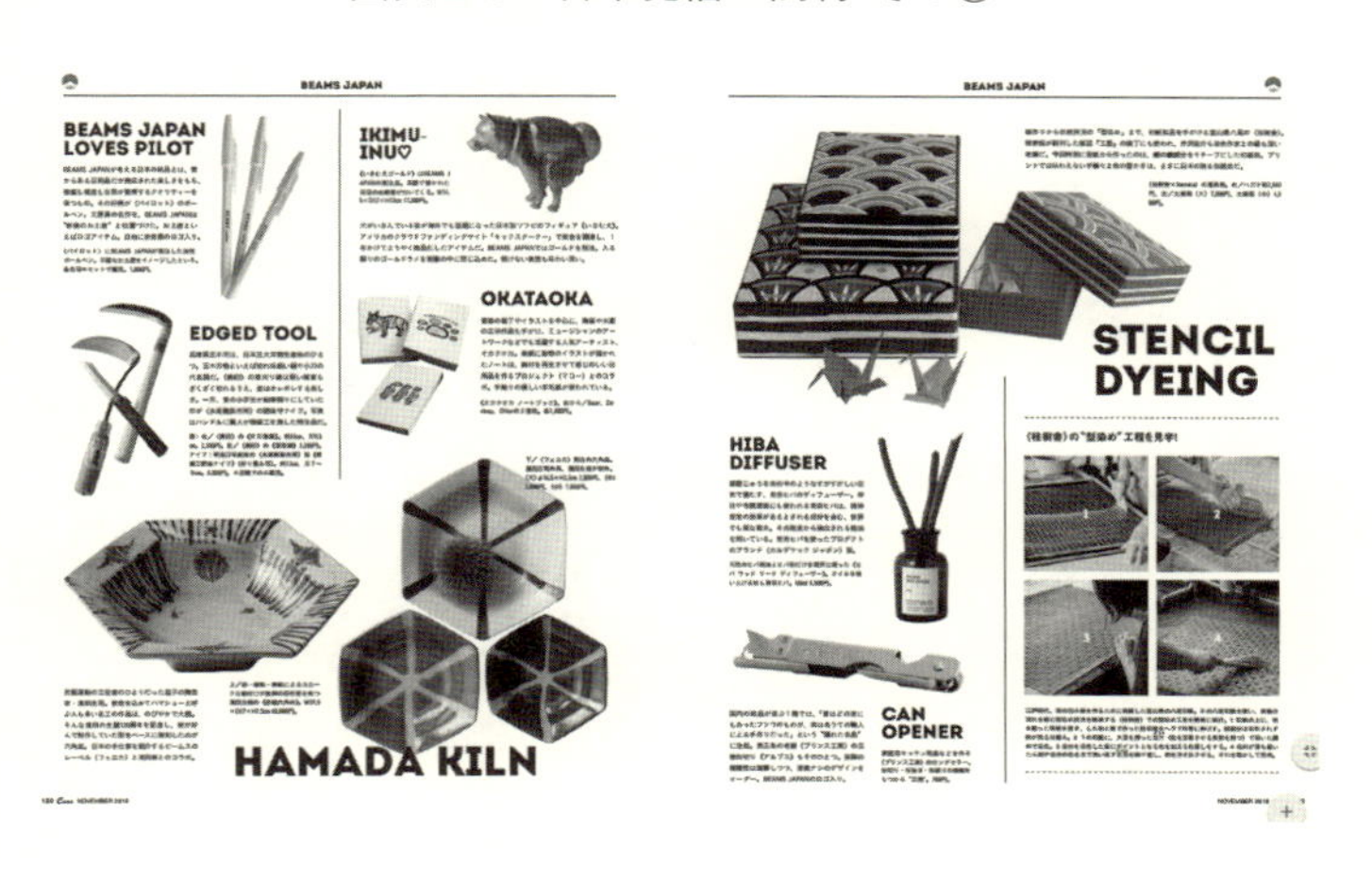
BEAMS JAPAN

BEAMS JAPAN LOVES PILOT

IKIMU-INU♡

EDGED TOOL

OKATAOKA

HAMADA KILN

BEAMS JAPAN

STENCIL DYEING

HIBA DIFFUSER

CAN OPENER

図表 2-9　日本発信の商材 その③

BEAMS JAPAN

ALL HAND-MADE

GAMA GUCHI

GOLDEN PORTER

PIN BADGE

YACHIMUN POTTERY

AOMORI HIBA

SHINJUKU-T

GAUFRE

TADANORI YOKOO

図表 2-10　日本発信の商材 その④

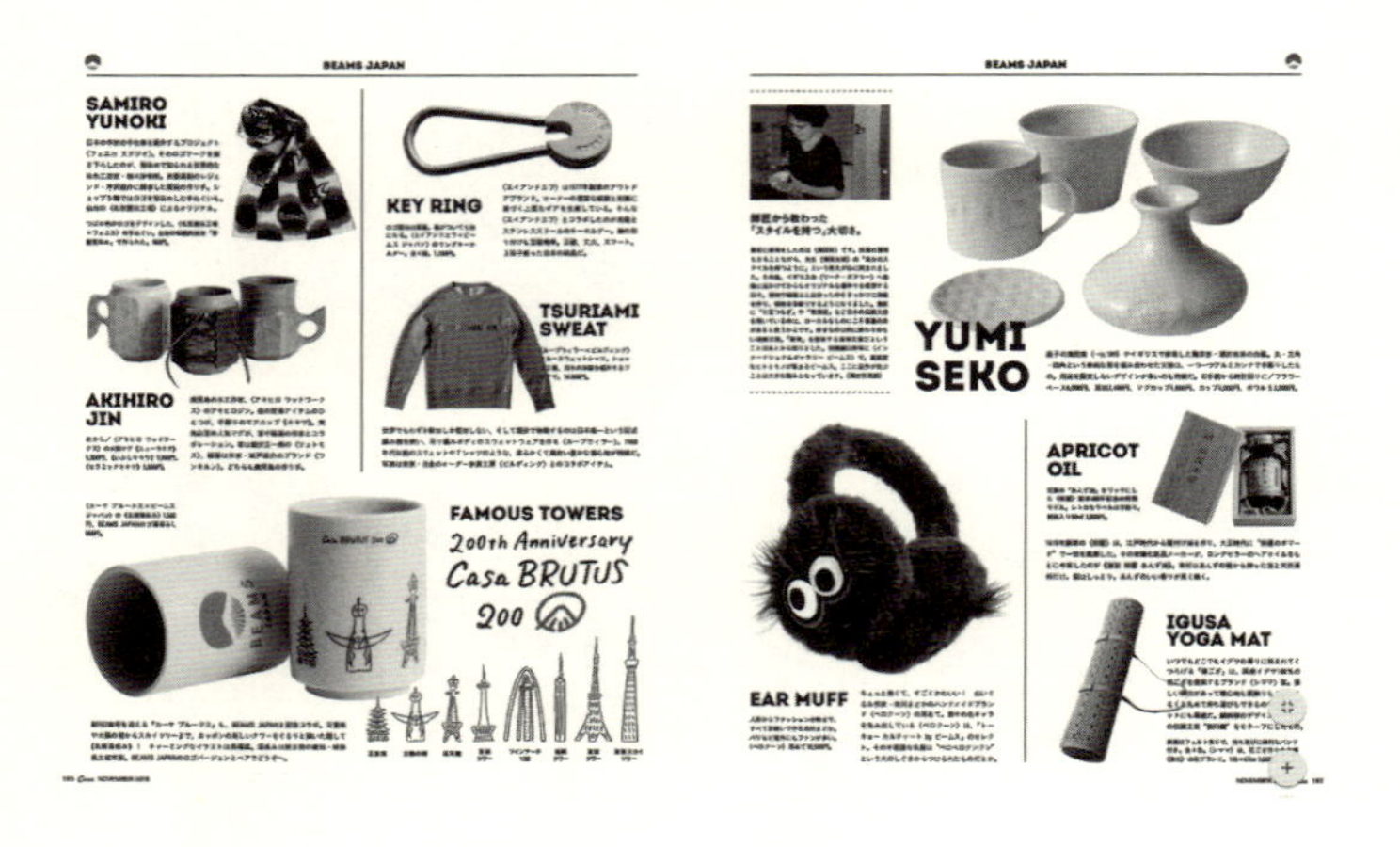
BEAMS JAPAN

SAMIRO YUNOKI

KEY RING

AKIHIRO JIN

TSURIAMI SWEAT

FAMOUS TOWERS

200th Anniversary Casa BRUTUS 200

YUMI SEKO

APRICOT OIL

EAR MUFF

IGUSA YOGA MAT

図表 2-11 コラボレーションスペース“ハレ舞台”

地域（自治体、協会）、企業、団体 他 × BEAMS JAPAN

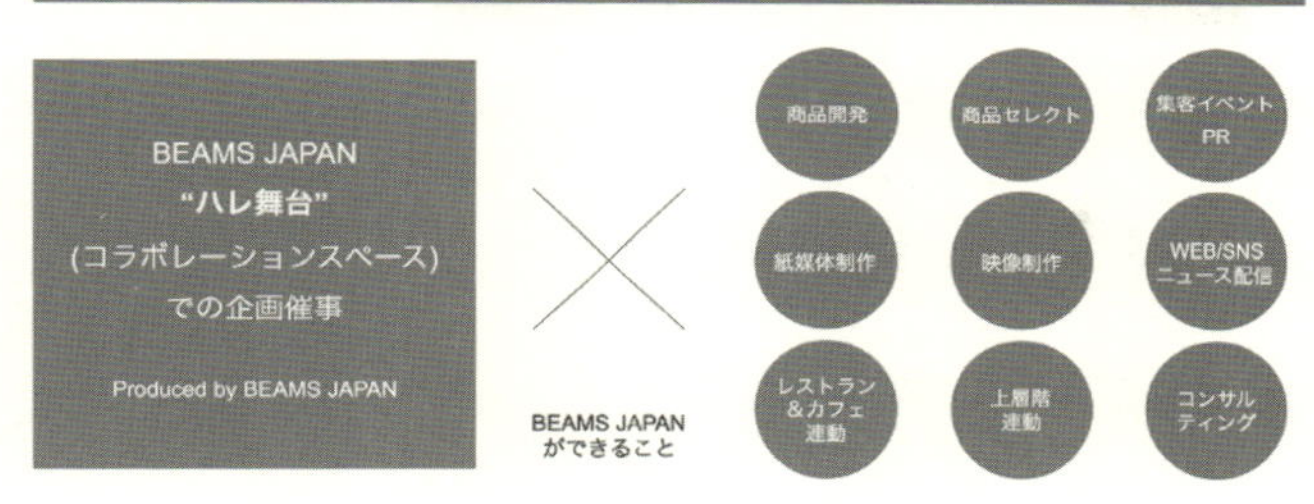

《ベーシックプラン》

“ハレ舞台”
をご利用いただき、
情報発信＆商品販売が可能です。
BEAMS JAPANが企画監修致します。

《オプション》

ご希望によりBEAMS JAPANならではの様々な展開が
ご提案可能です。ぜひご相談ください

図表 2-12 ハレ舞台事例

俺たちの国芳 わたしの国貞

2016年4月28日～6月5日

カルデサック ＝ ジャポン

2016年6月6日～7月15日

東宝 シン・ゴジラ

2016年7月29日～8月7日

富士フイルム チェキ「新宿百景」

2016年8月8日～8月29日

TOYOTA CROWN

2016年8月30日～9月11日

VAIO C15

2016年9月12日～9月18日

トヨタのクラウンともコラボしました。以前にスバルとコンセプトカー、ビームスカーをつくったりなんかしています。富士フイルムのチェキと組んだりですね。ここに出てませんけども、一時マルちゃんと組んでビームスのカップラーメンを2種類つくりました。召し上がっていただいた方もいるかもしれません。全国のコンビニでも売っていました。

そういうコラボレーション、本当に思わぬ組み合わせっていうのが大好きなんで、いま進行中のものが、昨日聞いたら36案件あるって言ってましたから、だんだん何をやるのかわからなくなってしまうっていう感じがあるんですけれども、いい意味で、洋服屋だったはずなのにっていうことにもなりつつあります。

これが神戸市との取り組みですね（図表2－13）。神戸市からブランディングを依頼されて、いろいろやりました。これはさっき言った別府市との取り組み、足湯ですね（図表2－14）。ビームスジャパンの1階に温泉のお湯を持ち込みまして、右側に新聞記事が出てますけども、足湯を体験していただいたり。日本各地にもともとある伝統的なものが、ビームスが絡むことによって新しい見え方になる。

言ってみれば新しい価値創造ですけども、そういったことのお手伝いをしましょうということが、お互いのメリットになるんではないかと。そんなことやってるビームスもかっこいいじゃないのというふうに思われれば本望です。うちのスペースも提供しますし、こういうデザインや宣材もうちでつ

図表 2-13　神戸市との協業プロジェクト「BEAMS EYE on KOBE」

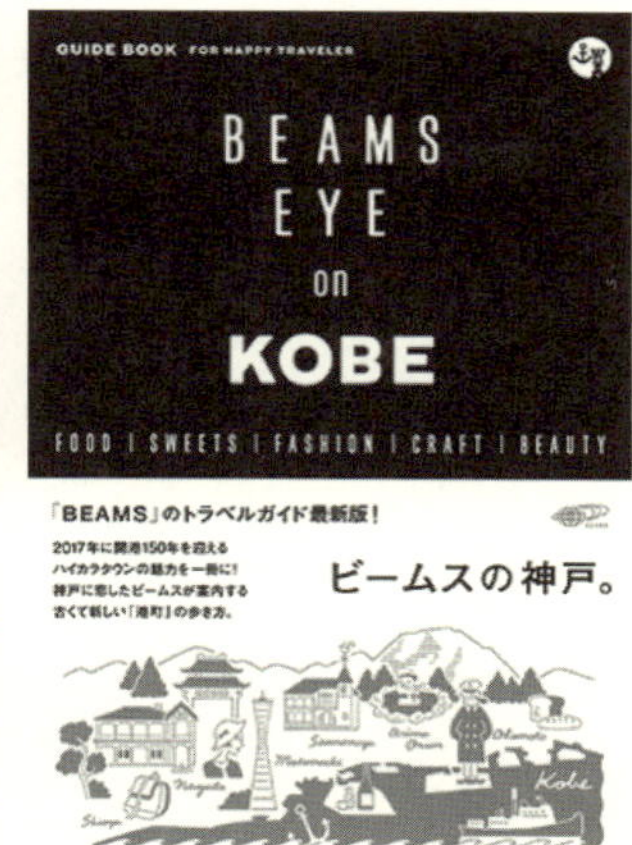

図表 2-14　別府市との協業プロジェクト「BEAMS EYE on BEPPU」

東京で"別府体験"
市とビームスがコラボ

【東京支社】別府市と、全国にセレクトショップを展開するビームス（本社・東京都）は1日、都内の店舗で、足湯体験や工芸品販売などを通じて別府の魅力を発信するプロジェクト「ビームス・アイ・オン・ベップ」を始めた。11月の毎週土日の計8日間、新宿の店舗「ビームスジャパン」に、別府から運ぶ源泉掛け流しの足湯が登場する。体験した人にはオリジナルの手拭いが贈られる他、温泉体験型イベント「別府八湯温泉道」の公式スタンプ帳に期間限定のスタンプを押せる。11月末まで別府竹細工の雑貨や入浴剤などの販売もある。

初日から、店を訪れた若者らが足湯を楽しんだ。千葉県野田市の会社員畑山むつみさん(24)は「体が温まって気持ちいい」、東京都豊島区の会社員小沼亮年さん(27)は「仕事の空き時間などにリラックスできていいのでは」と語った。長野恭紘別府市長も客を出迎えてPRした。

ビームスは日本の魅力発信に向け、ファッションブランドやデザイナー、企業、自治体との連携を進めている。別府市は地域資源を生かした「地方創生」を目指す中で同社とのコラボレーションに至った。

ビームスの店舗にできた別府の足湯を楽しむ客たち＝東京・新宿

改憲議論の現状や問題点を話し合う
大分市で集い

日本国憲法が公布されて70年の節目を迎えた3日、改正の動きが強まる憲法について考える集いが大分市のアイネスであった。「戦争法の廃止を求める学者の会・大分」など約30団体で構成する「平和をめざすオールおおいた」が主催。約150人が参加した。

テーマは「憲法変える？変えない？」。県内の憲法学者と弁護士が憲法と立くることもできます。

これがさっき言ったfennicaの本『ニッポン最高の手しごと』です（図表２－15左下）。ここに映っているロンドンオフィスのテリー・エリスと北村恵子っていう夫婦がとても優れてまして、なぜかというと、彼らがロンドンにずっといるというのも理由の一つなんですよ。ロンドンにいながらビームスの仕事をしてますので、ロンドンから見ると、僕らの見えない部分がよく見えるんですね。彼らは日本に来ると面白いものがないかということで日本中を飛び回って、いろんなことをピックアップしてお店に並べたりしてます。彼らはもともと洋服のバイイングをしていたんですけど、いまやこういう、日本のプロダクトの専門家にもなっています。沖縄でこの人たちを知らない人はいないというぐらいになっています。

ビームスはスタッフ一人一人がビームスなんですよ。

図表 2-15　BEAMS<fennica>ニッポン最高の手しごと

季節外れの沖縄で
“胸アツ”になる
宝物の器を探しに

その歴史ごとファッションに

ですから、なるべく個性豊かな人をずっと採りたいと思って、リクルーティングの最終面接は私が絶対出ます。

要するに学歴や成績じゃないんです。何が大事かっていうと、好きっていう気持ちがあるかどうかですね。好きであれば頑張りますね。人間は、やっぱり情熱がないと駄目なんですね。

それで、BEAMS〝TEAM JAPAN〟というのを立ち上げました（図表2-16）。実はBEAMS〝TEAM JAPAN〟のメンバーにはたくさんいろんな面白い人たちを引き込んだんです。そういう人たちのいろんなネットワークを原動力にしたいと。小山薫堂さんには、ビームスジャパンの総合アドバイザーをお願いしました。

地下のフロアで飲食もやりたいっていうことで、やっぱりここは日本の伝統的な何かを入れたいとい

図表 2-16　BEAMS“TEAM JAPAN”とは

日本の新価値を創造するプロジェクト

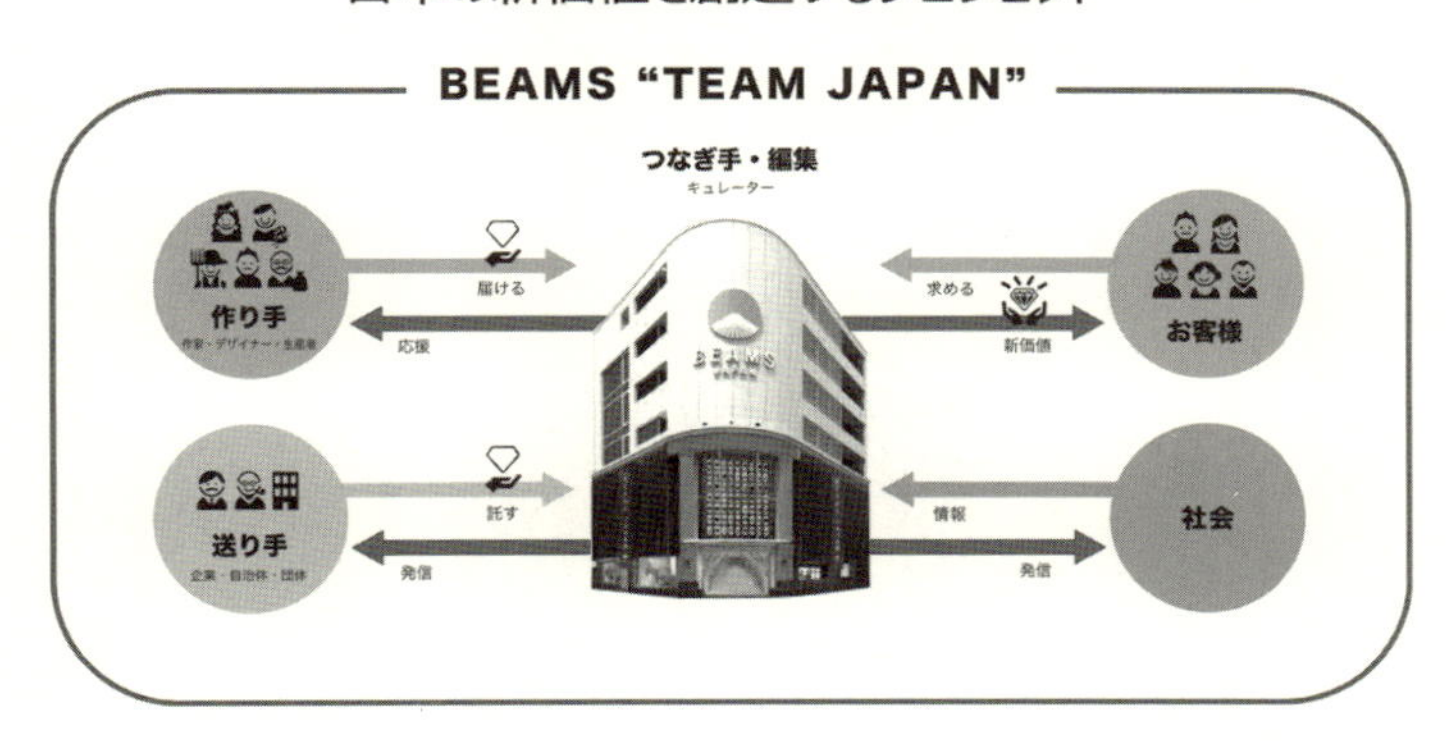

うことになり、日光金谷ホテルさん協力のもと、CRAFT GRILLというレストランを地下に入れました。ご存知かと思いますが、日本には三大クラシックホテルというのがあって、日光金谷ホテル、箱根の富士屋ホテル、それと奈良の奈良ホテルですね。この間も奈良ホテルに泊まってきましたけども素晴らしいですね。建物もきれいに残してありますし、そういうクラシックホテルの、とくに食に関しては日光金谷ホテルのグリルは大変有名で、そこの百年ライスカレーをどうしてもここで出したいということで、カレーやビフテキ丼など、日本の洋食を提供しています。また、ビームス ジャパンは毎日ファッション大賞特別賞もいただきました（図表2－17）。ビームス ジャパン、面白いねということで。ありがたい話です。

図表 2-17　毎日ファッション大賞受賞

ビスの中で4位の実績。

ショップのスタッフは軸屋悦子店長を含めて4人。管轄するヒロココシノインターナショナル福岡支店の上原偉司販売部セールスマネージャー課長は「スタッフは特殊なことをしているわけではない。バースデーレター、イベントのDMなど基本的なことを地道にやっているだけ」と話す。しかし「支店で行うVMD研修に、軸屋店長はいの一番に来場し、熱心に写真を撮っている。その時点でどの商品をどの顧客にどのタイミングで提案するかイメージできているのかも」と付け加える。

他のショップと比べて、アイテムも顧客の年齢層も変わりない。国分山形屋は「店長を中心に4人がチームとしてまとまって、常に目標を共有している。そして何より絶対に目標を達成させるという強い気持ちを全スタッフが持ち続けている」と分析している。

毎日ファッション大賞
大賞に落合宏理さん

左から佐藤、貝原、落合、今崎、設楽の各氏

毎日新聞社が2016年（第34回）毎日ファッション大賞の表彰式を開いた。年間を通じてファッション分野で優れた成果をあげた人に贈られる大賞は、「ファセッタズム」の落合宏理さんが選ばれた。

落合さんは、新人賞・資生堂奨励賞の受賞から、歴代最短の3年で大賞を手にした。際立った活躍とチャレンジ精神が国内外で高く評価された。落合さんは「受賞は学生のころから漠然とした夢で、ブランドの姿勢としても受賞しなければいけないと思ってきた。新しい価値を示すためにクリエイションを世界に発信していきたい」と語った。

新人賞のプラスチックトーキョーの今崎契助さんは、東京コレクションデビューから1年で受賞が決まった。資生堂から奨励金100万円が贈られた。

鯨岡阿美子賞は、高品質で世界から評価されるデニムメーカー、カイハラの貝原良治会長が受賞した。特別賞にはビームスが今春「日本のいいモノ」をテーマにオープンした「ビームス ジャパン」が選ばれた。設楽洋社長は「職人やメーカーと組んで日本のセンスを伝えるプロジェクトにしていきたい」と語った。

話題賞は、ファッション好きとしても知られる若き将棋棋士・第74期名人の佐藤天彦さんが選ばれた。

専門商社
尾州産などオリジナル生地で中国販売を強化

専門商社の素材部門が、中国で尾州産地物などのオリジナル生地の販売を強めている。中国では既に高級ゾーンから低価格品まで様々な生地が流通しているが、その中でもまだ手薄な日本製生地を増やす狙い。10月に上海で行われた素材見本市、インターテキスタイル上海に出展した名古屋地区の専門商社は「販売価格1㍍当たり60元台の欧州ブランド向け」など、こだわりの強い日本製を持ち込む一方、中国で作り込んだ独自生地の提案も増やしている。

瀧定名古屋はインターテキスタイル上海の出展と同時期に単

出典：繊研新聞

これは海外での取り組みです。例えばル・ボン・マルシェの日本展にも参加しました（図表2－18、19）。大変、僕は感動しました。ル・ボン・マルシェから声が掛かって打ち合わせをしたら、ディレクターのほとんどが女性なんですね。やっぱりフランスはすごいなと思って。とっても優秀でした。この中にこけしの産地の方がおられるかもしれませんが、こけしには藍色のものはいままでなかったんです。それを新しくデザインして職人の方にちょっとシックでクールなこけしというものをつくっていただいたら大変よく売れました。

あとこれはパリのマレ地区ですね。マレでポップアップストアをやりました（図表2－20）。これもビームス ジャパンのポップアップストアをやりたいということで、パリのほうから言われ

図表 2-18　パリのル・ボン・マルシェの日本展に出展

図表 2-19　パリのル・ボン・マルシェの日本展に出展（続き）

図表 2-20　BEAMS JAPAN ポップアップストア in Paris

ましてやりました。この間、ヴェルサイユ市から呼ばれて、副市長とヴェルサイユ市の市庁舎でミーティングをしてきました。ヴェルサイユ市は、ヴェルサイユ宮殿が有名ですけど、本当はいろんなものがあって町がすごい面白いんですよ。

ですからヴェルサイユ市としては泊まってほしい。泊まって、見てほしいものがたくさんあるんだと。だからそのためにはどうしたらいいか、仕掛けを一緒に考えましょうという話をされまして、大変光栄でした。アイデアをたくさん残してきましたので、どれかは形になると思います。

これはポップアップストアの様子です（図表2－21、22）。ユニークなものがたくさんありますね。それぞれこだわりがあります。この右下の金のキューピーもとても売れまして、在庫があっという間になくなりました。

図表2-21　BEAMS JAPAN ポップアップストア in Paris（続き）

図表2-22　BEAMS JAPANポップアップストア in Paris（続き）

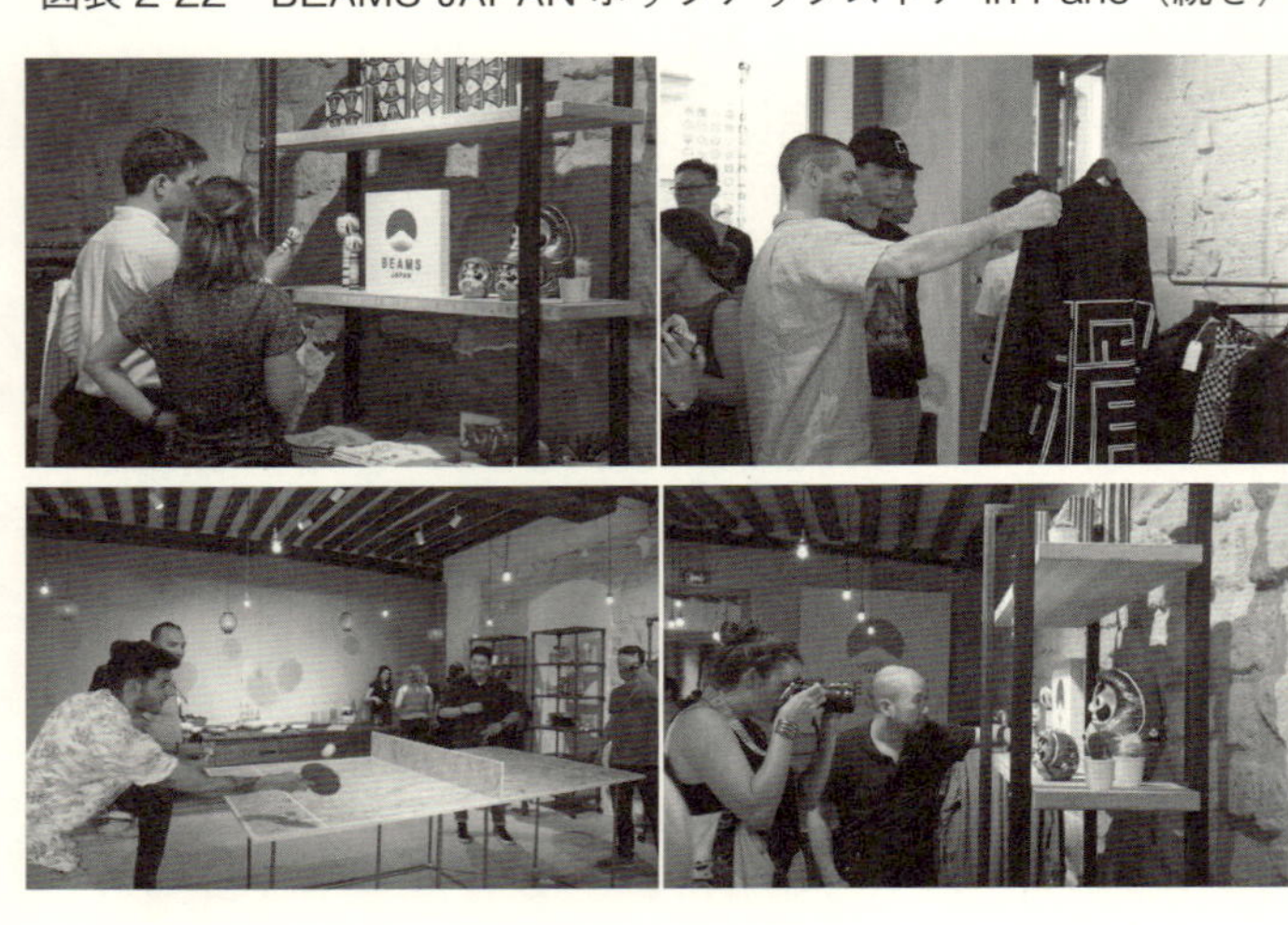

これはロンドンです（図表2－23）。ロンドンのファッションウィーク、いわゆるロンドンコレクションが年に2回ありまして、私も必ず毎回行っています。ここで、MR PORTERというロンドン発の大手ファッションサイトと組んで、ロンドンコレクションの公式プログラムで、日本の若手のデザイナー6人のカプセルコレクションを発表しました。そんなことをやった日本のファッションの会社は他にありません。6つ並んでますけど、それぞれ別のデザイナーの作品です（図表2－24左上）。

あと、これはコペンハーゲンです（図表2－25、26）。CIFFという、大きな展示会があるんですけども、そこでもビームスのプレゼンテーションをやってくれっていうことでやりました。

話はずれますが、われわれは商品を、ものを

図表 2-23　ロンドンコレクション メンズ公式プログラムに出展

図表 2-24　ロンドンコレクション メンズ公式プログラムに出展（続き）

図表 2-25　コペンハーゲンで開催された CIFF に出展

図表 2-26　コペンハーゲンで開催された CIFF に出展（続き）

売っているわけですけども、さっきから話しておわかりになってきているかもしれませんが、実は、ものにまつわるいろんなことを一緒に扱っているんですね。ものだけ売っていたら、スーパーマーケットになってしまいますので、ビームスはどっちかというと、もっとカルチャー寄りだと思われてまして、それは思うつぼなんですけども。例えばこのwakami（図表2－27）。こういうきれいなブレスレットですね。これ実は、グアテマラのマヤ族の村でつくってるんですね。２０１６年の11月３日って書いてありますけど（図表2－28、29）、私たちはマヤ族の村まで行ってきました。日本から26時間かけて。こういう少年、少女たちに文房具とお菓子を持てるだけ持って行ったんです。本当にお世話になっている村なので。

図表2-27　「wakami」グアテマラ・マヤ族とのフェアトレード

図表 2-28　グアテマラ・マヤ族の村にて①

図表 2-29　グアテマラ・マヤ族の村にて②

このときの話は、私はあまりにも感動して、去年から今年にかけて、いろいろな場でお話ししてきました。ビームスはいろんなところで、実は知らず知らずのうちに貢献させてもらっているんだと。例えばwakamiに関しては4年間マヤ族の村でつくっていただいてますが、ここの村は、少数民族のため、みんな例外なく大変貧しいんです。でも子だくさんで、妊婦の栄養不足が原因で子どもが知的障がいで生まれてしまうこともある村なんですね。ここに写ってる子たちは大変元気そうですけども。この村にこの商品をつくってもらうことになってから、村がちょっと潤ったんですね。それで、子どもたちの健康状態も良くなったので、ぜひそれを見に来てくれということで見に行きました。

このときに、われわれをマヤ族の女性たちとつなげてくれたマリアという女性がいるんですけども、やっぱりどこにでもそういう素晴らしい人がいるんですね。少数民族の悲劇というものを、何とか自分で改善してあげたい。それで、その人にお世話になってわれわれも商売をしてるんですが、村を案内してもらってるときに、知的・身体障がいを持つ男性がお菓子を箱に入れて売っていました。その男性に対して、村の子どもたちが何だかんだ言って、からかってます。そこに遭遇したんですね。

そしたらマリアがどうしたかというと、子どもたちに「やめなさい」って言うんじゃなくて、まずポケットからお金を出して、その男性からお菓子を全部買い上げました。その後、買い上げたお菓子を今度、男性に戻しました。そして、その男性に、「子どもたちに分け与えなさい」と言いました。男性はポカンとしていましたけど、戻ってきたお菓子を子どもたちにあげましたね。子どもたちは、自分がいままでからかっていた男性からお菓子をもらうことになり、自分たちの行為を恥じることになる。

ということで、わずかのお金をマリアは使ったんですが、これによってその男性の人生と子どもたちの人生は、少し変わったと思います。こういうことをすっとできる素晴らしい女性でした。私たちもいろんな慈善活動をしてますし、寄付もしてますが、大事なことはどういう状況の中でお金を使うかということなのでありまして、たくさんお金を渡せばいいってもんじゃないんだよということを、ガツンと、このときに知らされました。私だけではない、一緒に行った社員たちもみんな見てましたんで、本当にいい勉強をさせてもらったなと思っています。

ちょっと余談になりましたけど、そんな人がつないでくれているグアテマラのマヤ族の村でビームスの商品がつくられてる。そして、お客さまに喜んでもらってるんだということで、これはお店のスタッフにも言わなくちゃいけないし、お店のスタッフもそういうことも含めて、誇りを持って商品を売ってほしいというふうに言いました。単にものを売るだけじゃないところがビームスだということを言いたかったんです。そういうものです。今度ビームスに行ったら見てください。マヤ族は大変手が器用です。ただ、ファッション的に成立しないと駄目なんで、デザインの指導をしましたけれども、ちゃんと売れるものをつくってくれましたね。そんなことをいろいろやっていくのがビームス的なんだということであります。

ビームス的マーケティングの考え方

それで、さきほど冒頭に言ったように、ビームスというのは集団なんですけど一人一人の人でできています。本屋で『BEAMS AT HOME』という本、ご覧になった方もいると思うのですけども、1、2、3ともう1冊の計4冊出ていまして、これは何かっていうと、うちのスタッフたちのライフスタイルを紹介するものすごく分厚い本です（図表2－31～35）。宝島社から発行されているのですが、それぞれのスタッフの家を撮影しながらライフスタイルを取材したものです。どのスタッフも大変、個性的なスタイルで生活をしています。自分で田舎のほうに小屋を建てて、農業をやりながらビームスでも仕事しているスタッフもいます。

スタッフの力でビームスっていうものは成り立っているんだということをぜひわかってほしかったし、私も設楽もこの中に登場しますけど、私たちなんか全然かすんじゃってますね。もっともっとうんと個性的な

図表2-30　社員一人ひとりにフォーカスする
ビームス独自のブランディング

ある意図に沿った画一されたスタイルではなく、
スタッフ一人ひとりがコスモポリタン的生活者として、
モノを見抜く目、距離の取り方、哲学などを持ち、
その集合体が「ビームスなるもの」として
玉虫色のブランディングを成立させています。

図表 2-31　スタッフたちのライフスタイルを紹介した
『BEAMS AT HOME』①

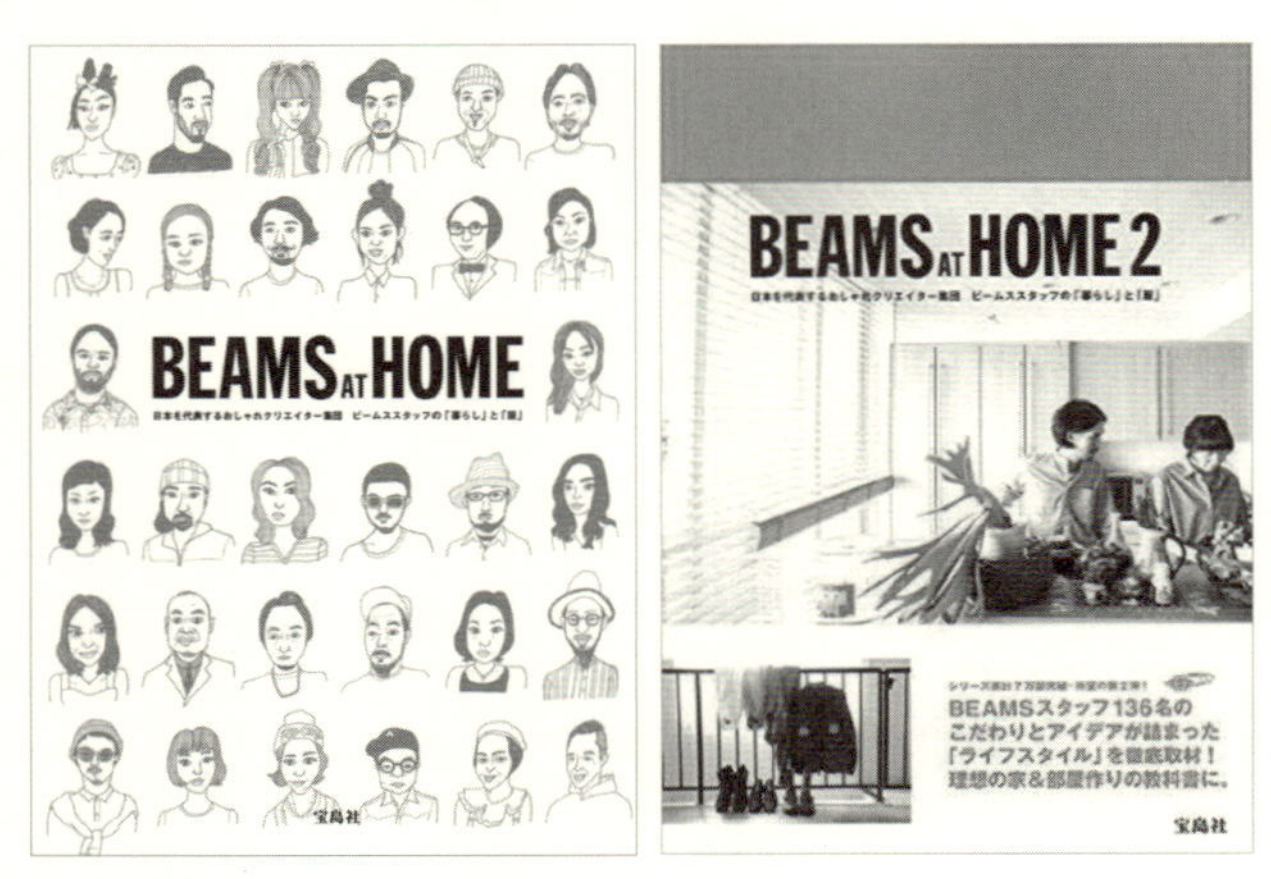

出典：宝島社（以下，図表 2-35 まで同じ）

図表 2-32　スタッフたちのライフスタイルを紹介した
『BEAMS AT HOME』②

図表2-33　スタッフたちのライフスタイルを紹介した『BEAMS AT HOME』③

図表2-34　スタッフたちのライフスタイルを紹介した『BEAMS AT HOME』④

図表 2-35　スタッフたちのライフスタイルを紹介した
『BEAMS AT HOME』⑤

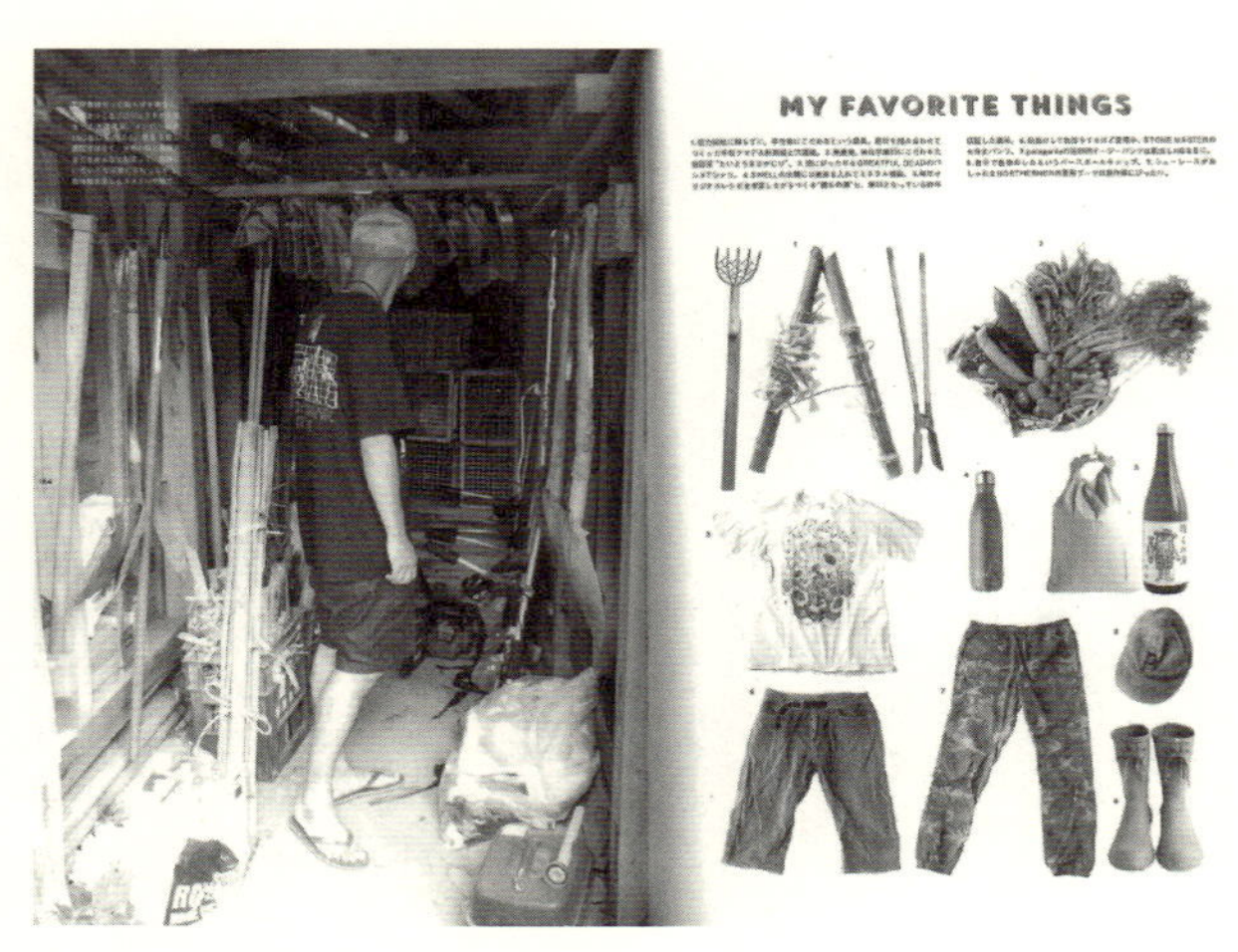

生き方をしているスタッフが多いです。

それから、ちょっと余談になりますけども、ビームスの店舗の一部は赤字でいい、全部黒字にするなと言っています。意味のある赤字だったら、赤字でも続けなさいと。それを黒字化しようと思うと、つまらないものになっちゃうということですね。

どういうことかっていうと、これはテレビの視聴率でも、あるいは雑誌の発行部数なんかでもそうなんですけども、やっぱり多ければいいという観念に陥りがちなんですが、実は、どういう人たちに支持されてるのかということのほうが、うんと大事なんですね。ですから、テレビ局や出版社の人たちも大変だと思います。ただ、低俗なものがたくさん売れたってそれがいいとは言えないわけじゃないですか。だから本当は、価値をわかっている、あるいは感性がある人たちにサポートされていれば、発行部数がそんなに伸びないというものでも、それは続けるべきだということを言いたいわけなんです。

洋服もまったく一緒でありまして、例えばビームス　レコーズというお店を原宿でずっとやっていますけども、万年赤字のお店です。同じく原宿にインターナショナルギャラリー　ビームスという、海外のいろんなものを集めて売ってるお店があります。さきほど紹介したfennicaもその店に入っているんですけど、これはビームスの顔になっています。ビームスはこんなもの見つけたんだよ、ということを示す最高のスペースで、お店にはBGMもかかっていません。美術館みたいにしようよということでシーンとしていまして、コツコツ靴音がするような店ですけど、ここも赤字です。それでもやめません。なぜかっていうと、それをやってることによってビームスのブランディングができているっていう確信を持ってるからです。売上を意識しすぎると、やりたいことが曲がっていっちゃうということなんですね。

マーケットは一様ではありません（図表2-36）。サイバーとかイノベーターとかオピニオン、オピニオンっていうのはオピニオンリーダーってことです。それからマスがあって。これらはいろんな言い方ができますが、要は、みなさんもそうだと思いますけど、周りを見回してみると、大変情報が早くて、気付きが早くて、なおかつ、ちょっと感性も高くておしゃれで、誰よりも先んじて、新しいものをすぐ取り入れるのが上手な人っていますよね。そういう人を見て、まねする人もいますよね。

図表2-36　感性のタイムラグピラミッド

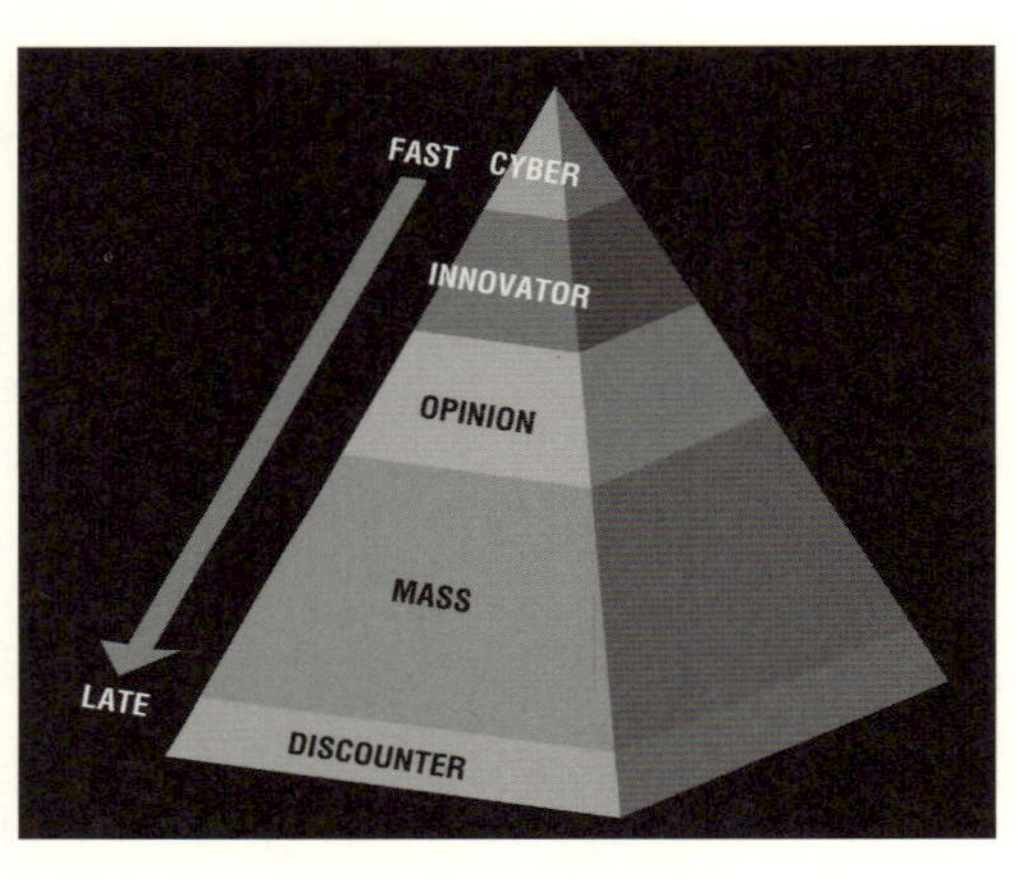

まねしているのに、なんかもっともらしくそれを伝えていく人もいますよね。それを受けてやっと動く人たちがいます。それが大半です。これがマスといわれる人たちですけれども、そんなやりとりには、全然われ関せずでどうでもいいという人たちも必ずいます。それはディスカウンターって書いてありますけど、言ってみればそんな4層か5層ぐらいの顧客に分類されるんですね。

感性を介して商売しているときは、必ずこういうことを意識しなければならないのですが、実はそんなにはっきり識別はされなくてグラデーションになっていると思います。だからわかりにくいのですが、ただ要素としてはそういうことですよね。ですから、たくさんものが売れればいいよっていうことは、マスのど真ん中に突っ込んでいけば売れます。マスの人たちにわかりやすいコンテンツや商材で、彼らが買いやすい場所で店を展開して、そういう仕掛けにすれば、マスの人たちは動きますね。わかりやすいから。ところが、ファッションの場合は非常にややこしくて、マスの人たちが先に動いたものに対して、感性の高い人たちが後追いするっていうことは絶対ないんです。自分たちはやっぱりおしゃれだっていうプライドがありますから。必ず新しいものを仕掛けるときは上からスパイラルに落としていくということを、ビームスの場合は非常に大事にしています。

どうしても経営者は、とくに上場している会社の経営者の場合は短期間に結果を出さなくちゃいけないということで、売らなくちゃいけないっていう呪縛にとらわれながらやりがちです。そうすると、そんな長期的なビジョンは持てない。だからさきほど言った方法は難しいと思います。ただ僕らは、そうではありません。だから上場もしていません。ファッションの本質っていうのはそういうことです。なので、絶対急がない。それで赤字でも意味のある赤字だったら続ける。ものが売れなくても続ける。売るものは売ろうと。

これは、日本の伝統の中にも見てとれます。例えば呉服の世界には、見せ筋、売れ筋、儲け筋っていうものがあります。要するにこれは見せていくもの、売らなくてもいいから。どうでしょう、こんなもんで、というふうに見せて、お客さまに興味を持っていただく。でも、それだけでは店が成り立たないんで、ちゃんと売っていくものも必要だし、なおかつ、売るだけじゃ利益が出ないものもあります。それでは駄目なんで、やっぱり最終的には利益ですから、儲けていくものが必要なんだというようなことが、3つうまくバランス取れて店っていうのはできているんだと。だからこんなことは、江戸の昔から、商人の間では当たり前のことと言われたことがあります。

私はそんなこと知りませんでしたが、いま考えてみると、同じことをこうやってずっと信じながらやってきています。だから、やっぱりこれは普遍的なことだと思います。目先の利益にとらわれるなと。そうしないと、ロングウェイではうまくいかないんだということですね。これはいろんな示唆がある言葉ですけどね。そんなことをうちの中ではやっていますから、赤字の店舗も長いことやっています。赤字だけど、でもそこには非常に大事なお客さまに来ていただいています。ビームス面白いねって。業界・マスコミ関係の方たちも来ていただいてます。それはまさにオピニオンリーダーですね。そういう人たちに面白いねって言われなくなっちゃったら終わるという、そういう危機感はあります。ですから、そこら辺は使い分けっていうか、どういう属性でものをつくるか、あるいは買ってくるか、もっと言えばどういう店をつくるか、全部マーケティングに収束することなんであります。

これはファッションだけじゃないです。実は飲食でもホテルでも何でも、人を相手にする商売をやっている場合は、考えなくちゃいけないことなんですね。だから、さっき言ったように雑誌などもそうです。雑誌はいま、どこも大変苦しんでます。それは部数を伸ばすことがすべてと思っていることが間違いで、売れないけど面白い雑誌がたくさんあったのに、どんどんなくなっていってしまう現実があります。テレビもそうですね。視聴率競争で、バラエティーばかりになってしまって。BSは結構面白かったりなんかして。だからやっぱり、そういうことをもう一遍考え直さなくちゃいけないなって思いますし、私たちはかなり早くからそういうことに気がついてやってます。みなさんも関係あるお仕事をされているかもしれませんので、ここで申し上げておきます。

ただこれは、さっきも言いましたけど、トップがこういうことをきちんと理解して下に伝えていく、あるいは自分たちで覚悟を持って責任を取るような形にしなければ、売上が上がらなくてもいいよとか赤字でもいいよって、言いにくいんですよ。非上場会社の方がそうした決断はしやすい。そういう組織体でなければ、なかなか難しいことも重々知りつつ、でもやっぱりみなさんにも理解して頑張ってほしいということで、偉そうですけどいろんなところでビームス見てごらんみたいな話をしています。

市場の変化について言うべき事

衣料品は大変、いま、厳しいです。これは、みなさんもご存じだと思いますけども、百貨店というものが百貨店の体をなしていない。言ってみればオーバーストアですね。店、多過ぎます。こんなことを言いながらビームスは150店舗もあるじゃないかと言われたらそれまでなんですけど、ただビームスは、1店舗ずつ顔を変えてます。それだけは自負があります。ビームス新宿店はビームスジャパンと言ったり、以前には渋谷の店はビームス東京と言ったり、池袋の店はビームス ストリートと言ったり。

私たちは店をつくるときは子どもをつくるのと同じような思いで、必ず開店は新しい子の誕生ですから、その日には立ち会うことにしてます。経営陣が出店に立ち会う会社はなかなかないと思います。当然、子どもをつくれば名前が全部違うように店の名前も変えていきます。なおかつ一人ずつ個性が違うように、店も同じ顔つきのものをつくりません。いわゆるナショナルチェーンのような店にはしたくないからですね。

とにかくいま、少子化で、若い人たちがお金を使わなく、とりわけ洋服にはお金を使わなくなってるという中で、まだまだ洋服屋が増えているということは、相対的に需給のバランスからいったらこの数年間ずっと効率を落としています。例えば、大阪の梅田で阪急のＨＥＰに、うちが20年前にお店を出したんですね。その前はアメリカ村で長いことやっていまして、面白い店だったんです。いまや駅の中や周辺に出店してますけど、梅田だけでも、その後の大規模再開発があって、ＨＥＰができたときと比べると売り場面積が梅田地区だけで2.3倍になってました。

でも、お客さまは2.3倍来ませんね。ですから効率は半分以下になっちゃってるってことです。だからビームスでも、半分まではいってませんが、半分近く、やはり売上効率が落ちてる。これはビームスだけではありません。

そんなことは日本全国で起きてるんですね。ショッピングセンターといわれる商業施設が、去年から54箇所増えて、３２１１箇所になりました。まだまだ、今年になってからできてます。これはショッピングセンターの話ですけども、その中に洋服屋もたくさんあるわけで、そこでの売上が31兆円と言われてます。大体一つの商業施設で１００億円ぐらい売ってる勘定になりますね。

とにかくこれ以上、本当は商業施設もお店も要らないのに、どんどんできてくる中で、生き残っていくのは大変です。生き抜くためのことを、さきほどから申し上げているような知恵を働かせながら、他とは違うよということを、ものだけじゃなくて、やっているわけです。

中途半端なところは駄目になると思います。これはこの間もセミナーで申し上げたんですけども、衣料品だけで見ると、例えば１９９０年と２０１０年、この20年間っていうのは非常に大きなトレンドの変化がありまして、どういうことかっていうと、衣料品の売上が１９９０年は15兆円あったんですよ、日本の国内で。それが3分の2の10兆円になりました。いまはもっと少ないです。この間、どんどんものが売れなくなって、お店は増えてるんですよ。

一方、いわゆる生産個数は、20年間で20億個から40億個に倍増してるんですね。要は、商品単価が安いものが市場に氾濫してるっていう見方がこれでできると思います。売上が落ちてるのに、単価を落としたものがあふれてるという状態がここから見て取れます。

これからは国内市場から海外へのシフトも視野に入れ、日本には素晴らしいものがあるよということで、ビームスはいま、いろいろ発信をしてます。いままで海外のものを紹介するという方向だったものを、これからは日本をブランディングし、海外の人に知ってもらいたいと。いま、ちょうどインバウンドで外国人の訪日者数がどんどん増えてますので、いいチャンスではあるんですね。これはオリンピックまでは続くと思います。

ただ残念ながら、中国人の人たちが日本に来て、メイドインチャイナは買いませんね。やっぱりメイドインジャパンを探します。ところが、国内生産比率というのは、わずか3％しかないんです。97％は外地生産。驚くべき数字ですね。

ですからこの比率をまずもうちょっと高めましょう、なおかつさきほど申し上げたように中身として、世界に売っていけるような、そして誇れるようなものをつくれるようにしましょうという両面ですけども、質と量の両方を高めていくような後押しを、僕らはしています。

しかし、やはりつくり手がいないですね。後継者が育たない、いないとか、そういう現実的な問題が多いです。昔は素晴らしいつくり手の方たちが地方にたくさんいたんですけど、そういう方たちの高齢化で、その後を継ぐ若い人たちがいないということがあります。

だからいつも言うんですけど、お金があれば工場をつくることはできるんですね。機械を入れることもできるんですね。でも、やっぱり人を育てるのは時間がかかるんですよ。同じようなことを商業施設の集まりでもいつも言うんですけど、施設はお金と土地があればできるでしょうと。ただ、そこ

図表2-37　講義風景

提供：早稲田大学ラグジュアリーブランディング研究所

に入るテナントっていうのは、ハードに対するソフトそのもので、一朝一夕にはできませんと。ビームスも40年かかってここまで来たんです。そういうテナントが入って、商業施設は成立するわけです。もっと言えば、そこにお客さまが入って成立するわけです。だからデベロッパーは場所をつくれば、面をつくれば、誘致すればテナントが入るだろうと思ってるかもしれませんが、そうはいかないです。

ですから、入れるところは外資系の大きいスペースを使えるところとなっていくわけです。悪いとは言いませんが、さきほど申し上げたように単価が落ちて、そして個数が増えてるという側面はそういうところにもあるんです。ものには意味があるとか、もののバックグラウンドだとか背景だとかを大事にするものとは全然違う、対極にあるようなものを扱うところが大きな資本をバックに出てきていますよね。

僕はこの間もショッピングセンター業界の会合で申し上げたんですが、利益ばかりを考えてると、どのテナントからも同じ家賃を取ろうとするでしょうと。そうじゃなくて、もっとチャレンジングな若い人たちがたくさんいるんだから、そういう人たちは家賃半分でいいから入りませんかとか、そういうチャレンジするスペースをつくったらどうですかと。そうすれば見え方として本当に面白くなるし、そういう育てるっていうことも合わせて考えるような、懐の深い商業施設をぜひつくってくださいと。

僕はニューヨークに4年ほど住んでいたので、気づくこともあります。いまブルックリンが大変面白いんですね。ブルックリンというのは僕がいた35年前は倉庫街です。何もなかったです。いま、ブルックリンは大変面白いショップがたくさん増えてまして、それはやっぱり家賃が安いからです。そういう若い人たちが入りやすいんですね。建物は古いんですけどもそういったところに入ってチャレンジできる。そして、だんだん面白いじゃないかっていうことで、好循環が生じてお客さまも付いてきてるっていうのが、いまのブルックリンのありようだと思うんです。ソーホーもそうです。ソーホーは昔やっぱり閑散としていました。二束三文だったスペースにギャラリーができて、アーティストが入って面白くなってきた。いまのソーホーはうんと家賃が高くなっちゃいましたけどね。ですから、そういう若いエネルギーを引き込むようなコンディションっていうものをつくらなければ駄目なんだと思います。

これは東京でも同じことが起きてまして、いま、下町、面白いですね。蔵前なんかはいい。蔵前のおかず横丁だとかそういったところ、ぜひ行ってください。なんでおかず横丁ができたかっていうと、昔は手仕事の工場みたいなものがたくさんあったんです。うちの取引先もたくさんありました。おかみさんもみんな忙しいからご飯をつくっている暇がないんですよ。だから、いまでいう中食というか、お総菜を買う、パッて買ってパッて食べられるものを並べているからおかず横丁という由来があるんですけど、そういう土地柄だったんですね。その工場がなくなり横丁も寂れてきて、そこにいま、若い人たちが入り込んでいろんなギャラリーをつくったり、文房具屋をやったり、大変面白いエリアになりつつありますね。家賃が安いんです。

そんなことが東京の中でも起きてる。だからそういったことを、商業施設にもやって欲しいと、いつも申し上げてるんです。そうでなければ駄目になります。

時間ですので、いったん終わります。(拍手)

質疑応答

【司会（長沢）】　ありがとうございました。それではお名前を言ってからご質問をお願いします。

【質問者1（松本）】　松本です。ありがとうございました。1点質問です。

ビームスさんのコアバリューが、キュレーターによるキュレーションにあるのかなって思いながら聞いていました。最初からそういう意図があったのか、そもそも私が勘違いして思っているだけなのか、途中で何か変わったのかっていうことがあれば、お話しいただければ嬉しいなと思いました。

【遠藤】　キュレーターっていうのは、ビームスがやってるいろんなアクティビティーに関しての、キュレートする人たちが中にいるのかっていうことですか。

【質問者1（松本）】　ビームスの価値が仲立ちをすることにあるのかなって思いながら聞いていました。

【遠藤】　最初はものを仕入れて売る洋服屋です。ところが、ユニークなスタッフが大変多くて。ものの仕入れ方だとか、もののつくり方だとかに精通している、そういうこととも関係あるんですけども、だんだんアイデアを出して何かをプロデュースするという流れが生まれました。一番最初はホテルですよ。新橋の第一ホテル。部屋をリニューアルしたいんでビームスさんプロデュースしてくれと。いまから20年ぐらい前です。

だからそれはまったく本業と違うんですけども、ビームスだったら、なんかいまの若者たちにアピールできるような部屋をつくってくれるんじゃないかと思われてやったのが最初ですから、そこからですね。

さきほども一部紹介しましたけど、ものを売ってるだけじゃなくて、われわれとしては自分たちが蓄積したそういうノウハウ、こうやったらかっこいいよとか、こうやったら新鮮に見えるよとかいうことを自分たちが気がついているから、そういったことをスパイスとして振りまけるようなテーマを探しています。

東京ディズニーランドもディズニーシーができてから、スポンサーでもないのに商品をつくらせてもらってショップもやらせてもらいました。あのディズニーが、ビームスに期待してくれたんだなと思って、大変うれしかったですね。

これからは、もっともっとそういうことを増やしていこうと思っています。モノとモノとをくっつける、あるいはまったく異業種のものをやるとか。車もやりましたし、マンションもやりましたけど、このあたりはこれからもっともっと取り組みたい分野です。旅行もいま、JTBeamsっていうのを立ち上げて、ＪＴＢと組んで地方都市をＰＲしたりしています。

【質問者1（松本）】　なんかすごい楽しみだなと思いました。ありがとうございます。

【遠藤】　ぜひよろしくお願いいたします。

【質問者2（細野）】　細野と申します。貴重なお話をありがとうございました。

私も、昔、アパレル業界におりましたので、すごく興味深いお話ばかりでした。今回お話しいただいた伝統のお話とは、ちょっと逆転してしまうかもしれないんですが、昨今アパレル業界には、ファッションとテクノロジーの融合ということで、いろんなファッションテック関連の、販売だったり製造だったり広告だったり、いろんなテクノロジーが入ってきていると思います。御社のほうではどのようにお考えなのでしょうか。もし、何か取り込まれていることがあれば教えていただければと思います。

【遠藤】　例えば業界で一番最初に、非接触型のＩＣタグをビームスは導入しました。やっぱりそういう部分でも先駆的に、業界の中で先駆けてやりたいっていう気概はいつも持ってまして、いまは全商品に付いていますし、店舗もＩＣタグに対応しています。それが一つのテクノロジーを活かしたビームスのチャレンジです。加えて物流センターでは業界に先駆けて、全部オートメーション、マテハンっていうんですけども、人力じゃなくて、ものがばーっと流れていくようなことをやって、さきほど言いましたＩＣタグの対応も完了しています。その２つがすぐに思い付くことですね。

【質問者2（細野）】　ありがとうございました。

【質問者3（山畑）】　読売テレビの山畑です。ありがとうございました。

マスコミにいるのですが、ファッションはすごく私は大好きで、ちょうど今年33歳になるんですけど、われわれのときはビームスのバッグが人気でした。

【遠藤】　サイドバッグですよね、オレンジのね。あれは復活させましたから。

【質問者3（山畑）】　あ、なるほど。そんな中、さきほどからおっしゃっていた赤字でもいいっていうところがすごく大事だと思っています。ただ、いまは結構、郊外のショッピングモールとかアウトレットへ行くと、ビームスさん以外にもセレクトショップの店舗がどんどん増えてきているじゃないですか。さらに言うと、そういった郊外での店舗の売上っていうのが伸びていくと、ビームス自体のブランドっていうのが下がってきちゃったりとか、そういった懸念っていうのはないのか。そういったことを含めて、あえてちょっと弱みみたいなことを伺えたらなと思いました。

【遠藤】　大変貴重なご意見だと思います。

やっぱり場所によって、さっきお伝えしたマスだとかオピニオンリーダーだとかいうように、お客さまは違います。原宿はオピニオンリーダーが多い場所です。一方、全国に30店舗ほどあるアウトレット店、例えば御殿場のアウトレットですと、これはインバウンドの方たちと、あとレジャーで行くような方たち、それから地域の方たちがお客さまですから、この方たちにオピニオンリーダーに対するのと同じものを押し付けるべきではないと割り切ってるんですね、ある意味では。ですからその方たちが喜んで買ってくださるようなものを提供しようということで、アウトレットの品揃えを考えています。

おっしゃるとおり、原宿にもいらして、アウトレットにもいらしてるっていう方も、もちろんいらっしゃるので、お店や商品が違うじゃないかということも言われますけども、これは、例えば新宿と恵比寿が違うように、それぞれ役割も品揃えも異なるというのが現実的だと思います。

【質問者4（二宮）】 本日はお話ありがとうございました。

私もアウトレットのところとつながるお話になるかもしれないのですが、社員のみなさんが1000人以上いらっしゃる中で、意味のある赤字ならいいっていうトップの思いをどこまでスタッフたちに理解してもらうかっていうところのお話を伺えたらなと思います。

【遠藤】 これは、大変私は恵まれてまして、私以上に社員たちが思ってますのは、実は、売上を上げなくても、面白いことやりましょうということです。そういうようなフレーズが社員のほうからも出てくる会社ですね。そういうスタッフたちを採ってるということもあるんですけど。いつも何か面白いことをやろうよっていうことが、モチベーションとして一番大事だということを、みんなで共有できる集団です。

だからビームスは、個人売上のノルマだとか売上歩合だとか、売ったらその人になんらかのメリットがあるような制度を積極的には導入してません。そういう制度があると、売れる店舗にみんな行きたくなってしまうわけですね。そういうことではなくて、売れない店でも、やっぱりわかってくれるお客さまを接客することが面白いんだというふうに思える土壌にしてます。私よりもむしろ、赤字でもいいじゃないかとは言わないけど、面白いことやろうっていう価値観のスタッフがほとんどです。

【質問者5（岡）】　テレビ東京の岡と申します。御社の藤木さんと、いま、やりとりをさせていただいています。

【遠藤】　そうですか。ありがとうございます。

【質問者5（岡）】　それに関連した質問です。御社はいろんなところと組まれていると思うんですけど、ここと組むぞってときの決め手って何なんでしょう？

【遠藤】　決め手は意外性ですね。まず、組み合わせの意外性から判断することが多いですね。だから、もっともだねっていう組み合わせは、あまりやりませんね。さきほどお話しした東洋水産のマルちゃんとやったカップラーメンなんかも面白かったんですよ。ビームスのラーメンがコンビニに並んでたら面白いねっていうことですね。

文房具もやりましたけど、そういう組み合わせの妙っていうか、意外性や面白さを、大事にしています。儲かるのかどうかは次の問題ですね。

【質問者5（岡）】　わが社は意外性があるでしょうか？（笑）

【遠藤】　ぜひやりましょう。

【質問者5（岡）】　はい。お願いします。

【司会（長沢）】　ではそろそろ時間でございます。今日はたくさんの方にお越しいただきました。私の授業を聴いている人はわかると思うんですが、ラグジュアリーブランドはパリコレなど、採算的には真っ赤だけども、そこで派手に打ち出して、しっかりバッグとかアクセサリーを売る。それは「損して得取れ」というビジネスをやっているわけですね。遠藤副社長のお話ですと、見せ筋、売れ筋、儲け筋で区別するとのことです。授業でも触れましたけど、いまビジネス書ナンバーワンの『誰がアパレルを殺すのか』で書かれていることは、結局、「売れ筋を持ってこい、売ってやる」、つまり儲け筋ばっかり売ろうとして、結局、見せ筋も売れ筋もつくることなく沈没していった。某テレビ局も、単に視聴率を追っていったがために、なんか駄目になったのじゃないかなということを考えますね。

それでは、私がマイクを握った特権で、最後の質問ですが、遠藤副社長がお考えになるビームスらしさって何でしょうか。

【遠藤】　ビームスらしさ。思いやりですね。

【司会（長沢）】　思いやり。ちょっと意外なご回答ですけれど。

【遠藤】　僕ら、「センスがいいってどういうこと?」ってよく聞かれるときに、思いやりがあることって、設楽も僕も偶然ですけども大体同じような答え方をしてましして。独りよがりは駄目なんです、やっぱり。必ず相手がいる、周囲がいるっていうことを考えながらかっこよくなるっていうことが大事ですね。独りよがりになったら長続きしません。やっぱり周りと融和するとか、相手に共感を持ってもらうっていう気持ちがなければ駄目です。だからあえて言ってるんですけど、ビームスはそういう意味で、広い意味での思いやりのある集団にしたいというふうに思っています。

【司会（長沢）】　なるほど。われながらいい質問でしたね。（笑）

今日は大変お忙しい中、といっても早稲田大学から徒歩5分のお宅から、ビームス遠藤恵司副社長にお越しいただきました。それでは最後に感謝の拍手をお願いいたします。

【遠藤】　どうもありがとうございました。

（拍手）

図表 2-38　講義後

提供：早稲田大学ラグジュアリーブランディング研究所

〔注〕

・長沢伸也編著『日本の〝こだわり〟が世界を魅了する―熱烈なファンを生むブランドの構築―』海文堂出版、2017年［澤良宏氏（Lexus International Executive Vice President）、山井太氏（㈱スノーピーク 代表取締役社長）、能作克治氏（㈱能作 代表取締役社長）、遠藤恵司氏（㈱ビームス 取締役副社長）、中内重則氏（経済産業省製造産業局伝統的工芸品産業室長）を迎えたシンポジウムの講演録］

第3章

日本の香り
―伝統文化とビジネス―

日　時：2017年7月1日（土）13時～14時30分
会　場：早稲田大学26号館（大隈タワー）7階702号室（エグゼクティブ教室）
講　師：株式会社 山田松香木店 専務取締役　山田 洋平
司　会：WBS非常勤講師　入澤 裕介

〔会社概要〕

名称	株式会社 山田松香木店
創業	江戸明和～寛政年間
従業員	社員 45 名，パート・アルバイト 35 名
売上高	約 1,300 百万円（2016 年度実績）
事業内容	香木・香原料の輸入・販売，線香など香製品の製造・販売，各種製品卸
所在地	京都本社，京丹波工場，半蔵門（事業所／直営販売店）， 日本橋（高島屋／直営販売店），麻布十番（香雅堂／関連会社）

〔講演者略歴〕

山田 洋平（やまだ ようへい）

株式会社 山田松香木店　専務取締役

1976 年生まれ。

立教大学経済学部経営学科卒業後，大手電機メーカー入社。

同退社後，早稲田大学大学院アジア太平洋研究科に入学。

修了後，家業である江戸明和～寛政年間創業のお香の老舗「山田松香木店」入社。

現在，専務取締役。家業である山田松香木店で，平安時代に貴族が興じた薫物（たきもの），
室町時代から連綿と伝わる芸道「香道」などの日本の香り文化を伝承すべく活動中。

【司会（入澤）】　今日はお香の世界ということで、私もお香について論文を書かせていただいた際に、初めて知った世界でした。それまでお香の世界というのは法事のときに焚くお線香だけでした。しかし、長沢先生の薫陶を受けて、日本の文化を支えている広い世界だということがよくわかってきたのです。お香も茶道と同じで、実は「道」の付く「香道（こうどう）」という道があるのです。香道の世界でお茶の席のようにお香を聞く、香りを楽しむ聞香（もんこう）という世界です。

今日はまさにお香に関してプロフェッショナルであり、日本の伝統文化の伝道者である山田松香木店の山田洋平専務取締役にお香を通じた日本の文化とお香のビジネスということでご講演していただきたいと思います。実際に文化のお話ですとか、それ以外にもビジネススクールということで、ビジネスの視点で今回の話を聞いていただいて、その後の質疑応答で活発に議論できればと思います。

それでは山田専務、よろしくお願いいたします。（拍手）

自己紹介

【山田】　みなさん、こんにちは。ただいまご紹介にあずかりました、京都の山田松香木店というお香屋をやっております山田洋平と申します。本日は短い時間でございますが、どうぞよろしくお願い申し上げます。

私はWBSに2006年から2008年まで所属をしておりまして、本当に有意義な時間を過ごさせていただいたんですけども、そのときからのご縁で長沢先生にはよく目を掛けてもらいつつ研究もさせていただいて、今日はそういったご縁でこちらでお話をさせていただくということになりました。久しぶりに早稲田へ来たんですけれども、早稲田独特の闊達な雰囲気というのはそのままやなと思いながら道を歩いてまいりました。懐かしい気持ちを感じながら、今日は話すほうになってしまいましたということで、精いっぱいご説明差し上げようと思いますので、よろしくお願い申し上げます。

日本の香りと香木

それでは、うちの会社もろもろの紹介というのはひとまず後からにします。まず、香りの件でさらっとお話をさせていただこうかと思います。五感というのはみなさんご存じかと思います。人間の5つの非常に大事な感性、まさにみなさんが研究なされているようなところだと思うんですけれども、言わずもがななんですが、私どもの事業というのは匂う香りの部分、こちらを中心とした内容でございます（図表3－1）。

図表 3-1　五感

そもそも、香りというのはどのようなタイミングで認知をされることになったのか。諸説ありますけども、かなり昔になりますが、原人が火を使いだしたというところが、そもそもの始まりというふうに言われております（図表3－2）。何で火を使ったら香りがわかったかというと、これは燃やす木ですね。こちらの木を燃やしたときは普通に煙たい香りがした。ただ、こちらの木を燃やしたときには、煙たい香りと同時にいい香りが漂った。じゃあ何をもってして熱したときに香るのかという、そういう発想がこの当時からあったようでございまして、実際にこの木の中の例えば実の部分だとか、あるいは草の根の部分だとか、この木にたまっている樹脂の部分とか、そういった形で香りの原料というものが見つけられていったというふう

図表 3-2 「香り」の発見

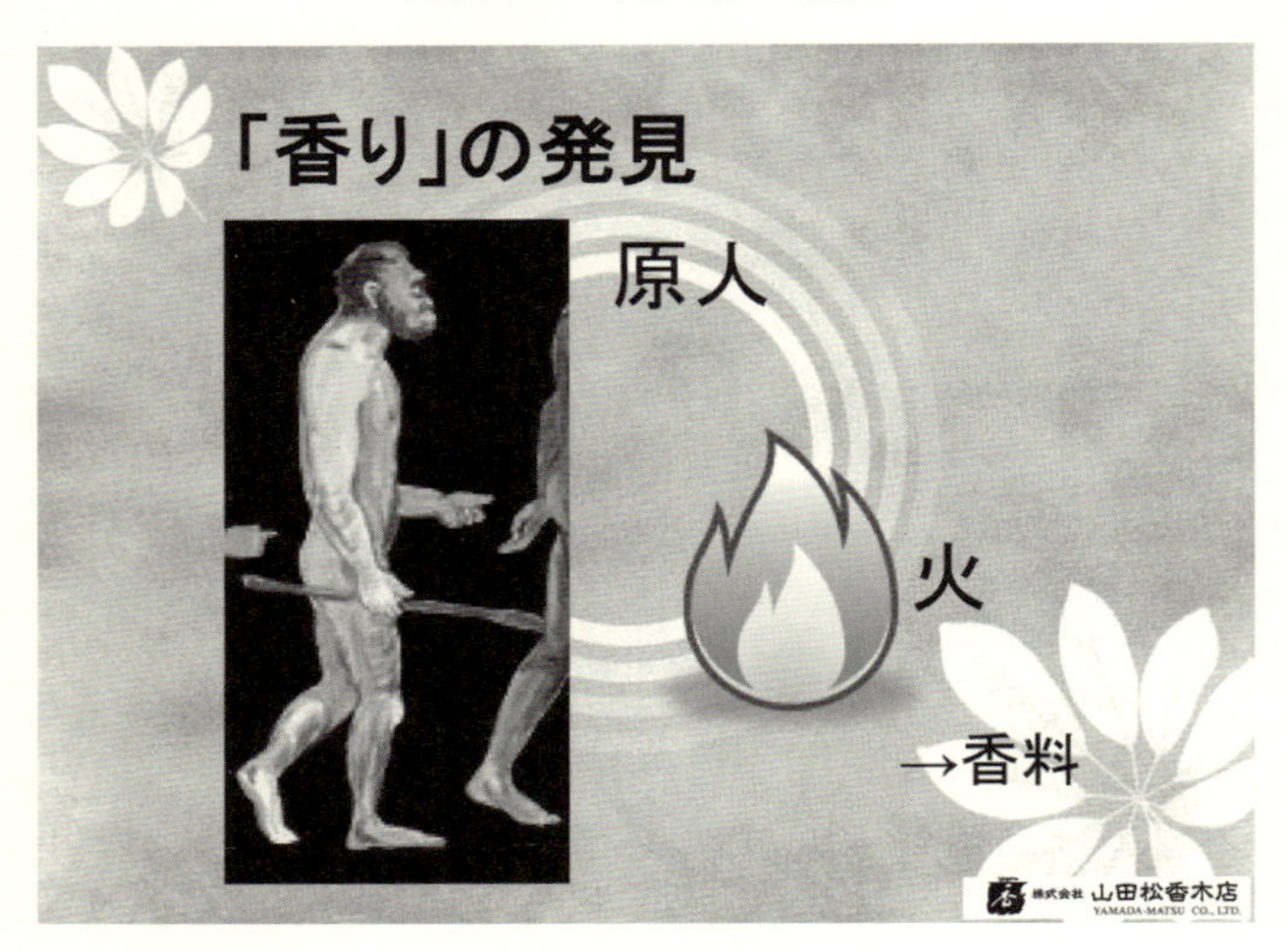

に言われております。

香りというものが日本にたどり着いたのはいつごろかと。これは左に仏様がいらっしゃいますけども（図表3-3）、仏教の伝来とともに香りの原料が日本にやって来たのだというふうに言われております。鑑真和上が日本にいらっしゃったときにこういった香原料と、後からまたお話ししますけども、丸薬状の煉香というものの製造の処方を一緒に持ってこられたというふうに言われております。

じゃあ香木、これもまた後で詳しく説明はいたしますけれども、私どもの屋号の中に「山田松香木店」という形で「香木」という単語が入っております。「山田」は私の名前の山田なんですけど、「松」は昔うちが香松屋という別の屋号でやっていたときがありまして、その名

図表 3-3 「香り」，日本へ

残で松が入っております。それで「香木」ですね。香木の店という形で、いまの「山田松香木店」という屋号になっております。

話を元に戻しますと、日本の香り文化というものを語る中で非常に大事な役目を持っている香木というものは、５９５年に淡路島にたどり着いたと言われています。当時「聖徳太子」と呼ばれていた方が「沈水香」と鑑定したと言われています。沈む水の香と書いて「じんすいこう」と読みまして、当時の香木の呼び方の一つであります。そのように、これは香木だと鑑定したと言い伝えられておりますが、聖徳太子もいまは教育の中で教えられていなかったりとかいうこともあるようなので、これは本当に諸説ある中でこういった話があるということと理解していただけましたら幸いです。

そもそも水に沈むお香が何で流れ着いたんやと（笑）、そういう話もあります。そこら辺の矛盾点は差し置きまして、これぐらいの時期に日本に香木がたどり着いたというのは間違いないようでございます。

そのときの名残といたしまして、淡路島にはいまでも線香の加工業者さんが、とくに下請けの業者さんがものすごく多いんですね。そういった名残がいまでも若干残っております。

香木とは

さて次は、香木ができるまでのお話です。今日はせっかくなので、うちの蔵から香木を持ってきました。みなさんにお回しをします。順々

図表 3-4 「香り」，日本へ（続き）

に回していただければと思います。

もともと香木というのは何かというところからお話をしたほうがいいのかなと思います。日本には沈丁花という木があります。その日本の沈丁花ではなく、東南アジアに生息する特別な沈丁花が元になります。じゃあ何が特別なのかということを申し上げますと、例えばここ（図表３－５右の絵）の木の部分、木の枝が折れたときに、人間、けがをしちゃった場合に血が出て、その血が固まってかさぶたになって、それでその後に自然治癒するという、そういうプロセスがあると思うんですけど、木はそのプロセスを樹脂でやるわけなんです。枝が折れたとしましたら、こういう形（図表３－５の木の枝元を指す）でどんどん枝の根元に樹脂がたまって出ていく。普通の木ではなくて、特別な沈丁花

図表 3-5　香木ができるまで

というのはその樹脂、通常は外に出るんですが、これは中にたまっていくという、そういう非常に面白い性質がございます。

後でも植林のことをお話ししますけど、うちでいま、沈丁花の植林を未来を考えてやっておりまして、その場合、大体1～2ミリたまるのに10年以上かかるんです。なので、本当に大きい香木は存在するのですが、いまお回ししているようなそれぐらいの香木では樹脂がたまるだけで相当時間がかかっているという推定ができますし、樹脂がたまるだけでは駄目で、その後に木自身が死んでしまって倒木して、その下の土の中ですとか泥の中ですとか、そういったところに埋もれてしまってさらに数十年、数百年の熟成期間があって初めて、しっかりした香木になる。

この香木になる条件というのが、いまのところ全然解明されていなくて、地中のバクテリアがなにかしらの作用をしているんじゃないかと言われているんですが、実際に大手機械メーカーさん製のガスクロマトグラフィーのような専門の機械で香木の成分を分析してみたら、一応の結果は出るんです。結果は出るんですが、それを基に香りを再構成しても同じ香りにまったくならないんです。ですので、現状の人知を超えた何かが作用しているという、極めて不思議な仮説にたどり着いてしまいます。なので「香木」というふうに、香る木という名前は付いておりますけども、いまは当然生きているものではございませんで、もともと木であった、木の繊維質の中に熟成した樹脂が絡みついて固まっているという状態が、いまお回ししているような香木になります。

ちなみにいまお回ししている香木は、種類で言うと、伽羅（きゃら）という種類の香木になりまして、1グラム単価で言うと、金よりもはるかに高い金額になります。そういうこと（冗談で香木を持って行くふりをされる）をされる方がよくいらっしゃる（笑）。いまでもかなり高価ではありますし、昔もそれなりの価値がありました。

この伽羅という種類はベトナムのごく一部でしか取れないいんですが、いままでに正直取り尽くされてしまっているんです。なので、資源的な状況で言うと、いまの石油に似たような状況です。石油のもっと末期的な状況というふうに思ってもらったら結構です。基本的には新規に短期間で生成されることがありませんので、現在残っている高品質なものは本当に貴重なので価格も高くなったということです。ベトナムの現地の方というのはこれを1つ固まりで見つけたら現地の物価のこともあり、一生家族が食べていける以上のお金になりますので、本当に血眼になって探したという、そういった話が残っております。

【質問者1（二宮）】　ちなみにそれは何グラムで、何年ものなんですか。

【山田】　数百グラムはあると思うんですが、何年ものというのはわからないんですよね。分析したら確かに一応の目安は出てくるかもしれないんですけど、大きさからいって、まず樹脂がたまるだけで数百年はきっとこの大きさだと経っていると思われますし、その後にさらにこんないい形に熟成するとなると、さらにプラスアルファなので、最低でも500～600年はかかっていると思うんですが、ただ、何年ものという、いわゆるウィスキーみたいな明確な表記は難しいものになります。

煉香

次に薫物（たきもの）と出てきておりますが（図表３－６）、これはいま煉香（ねりこう）というふうな形で使われておりますので、ひょっとしたらご存じの方もいらっしゃるかと思います。型としては、丸い直径約７ミリぐらいの球状の練りものなんです。ちょっと湿っているんですけどね。これは香りの原料を香木も含めて粉にしまして、それを独自の処方で、はちみつですとか酢で混ぜ合わせて練り上げるものなんです。

昔は、十二単、ああいったものに自分の香りを付ける手段として使われておりました。平安時代の話なんですけど、当時、例えばあるお家単位ですとか、個人のお姫様単位ですとか、そういった形で自分の香りですとか、家の香りというのをお持ちになったんです。結局、香原料の混ぜ合わせ方次第で香りはいくらでも変わりますので、そういった各々のレシピが自分の香りとして当時から残っておりました。

そういった自分の香りというのをつくられて、それをこの櫓のような道具、これは伏籠（ふせご）というんです。伏せるに籠と書くんですが、その道具の下に、ちょっと見づらいですが香炉が置いてあります。

図表 3-6　薫物

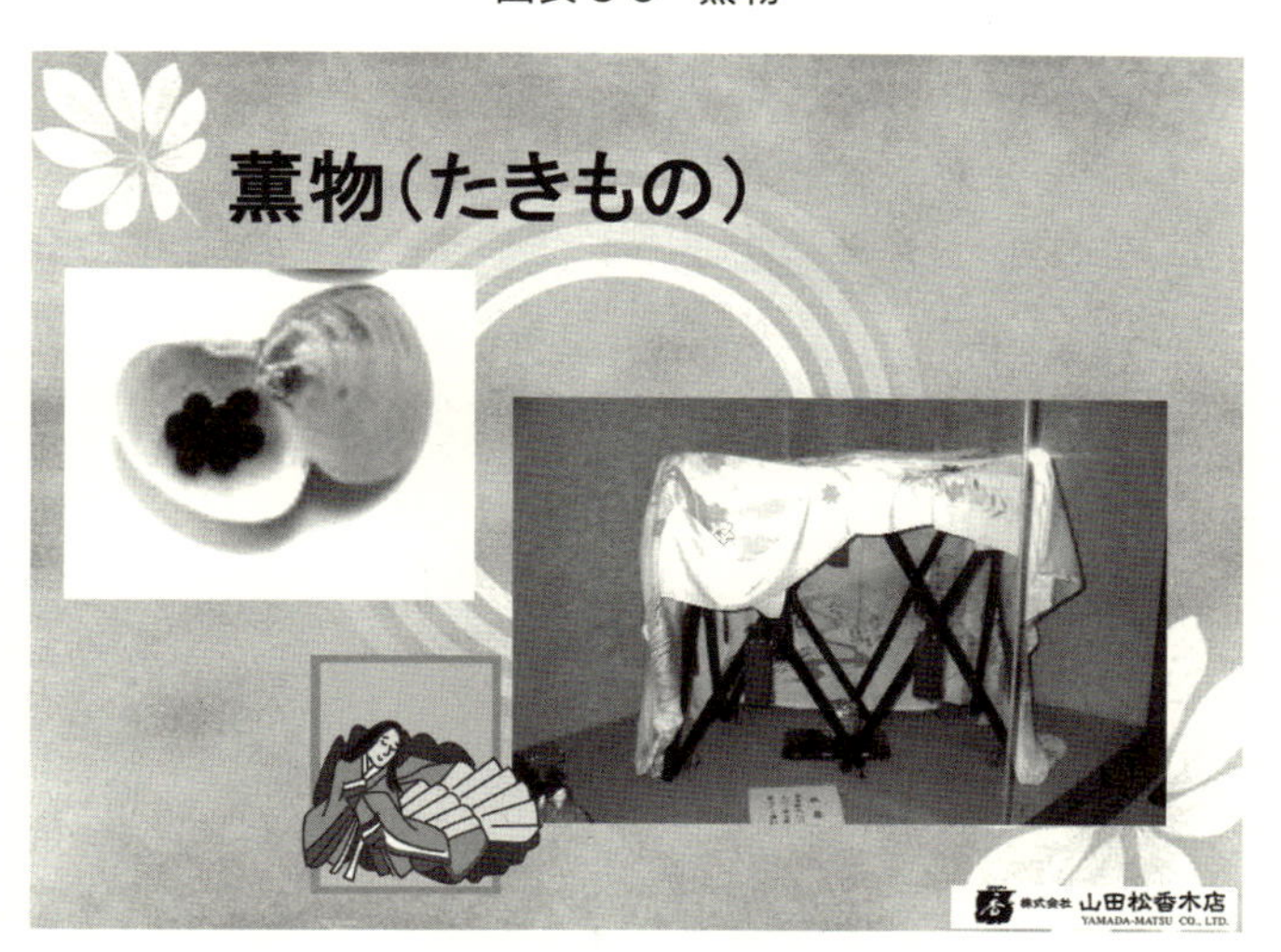

この中に炭を入れて薫物を温めてあげると下から自分の香りが出てくるわけです。そして、こういった形でお着物を道具の上に掛けられて、ご自身の香りをその着物に焚きしめられていたと、そういった文化が平安時代中心に非常に日本ではやっておりました。

昔は電気のない世界ですので、夜になると非常に暗い。そんな状況の中で、横を誰かわからないけども通られた。そのときにその方の残り香で、これはあの人の香りなんだなという、そういうような雅なやりとりがあったりしたようでございます。

香道

さきほども少しお話ししましたけれども、香道というものがいまでも存在しております。茶道と並び、昔から連綿と続く形になっています。

室町時代に銀閣寺の東山文化の足利義政公が非常に各種文化に造詣が深く、香り文化にも興味深かったとされています。ゆえに香木の香りが好きだったんですね。この香木の香りをいかにしたらベストな状態で鑑賞することができるかというのを突き詰めていかれたのが、香道のそもそもの始まりと言われております。

さきほども少し申し上げましたけど、この香木の固まりは木の繊維分も含みます。これをそのまま火にくべてももちろんいい香りがするんですが、その繊維分が燃えてしまうと煙が出てしまい、香りにちょっと雑味が入るというか、若干ベストではない状態になるんです。ゆえに香木の本当に純粋な樹脂の香りを楽しもうと思い、こういった形を考えることになったと考えられます。

後ほど香りを実際にみなさんに聞いていただこうと思うんですが、まずこれは香炉というお香を焚く道具で、その中に燃えた炭が入っているんです。その周りに灰が入っておりまして、その真ん中の炭から上のこのプレート、これは雲母の板なんですけど、その上に香木を乗せる。そういった形で間接的に香木を温めてやり、木の繊維分を燃やすことなく樹脂の熟成された良い香りだけをわきたたせるという、そういった形になります。

会社紹介

ここで、うちの会社のお話をさせていただこうかと思います。私どもは江戸の寛政年間、いまから２００年と少し前に創業をしております。いまのところ、従業員的にはこんなものです（90ページ、会社概要参照）。売上が昨年度の実績で約13億円となっています。内容としては製造業の川上から川下までというか、原料の輸入から企画、製造、営業、卸、販売まで一貫してやるような形を取っておりますので、メリットとしては自社の責任範囲内でいろいろな融通が利かせられるという点が大きいです。

うちは京都に本社がありまして、また京都の北のほうには工場があります。東京には日本橋と半蔵門に直営店がございます。麻布十番にも関連会社がございます。

香りの原料と製品紹介

次は、香木の種類をご説明します。さきほどお回ししたのが、伽羅と呼ばれる一番高いものです（図表3-7）。その次に、こちらは同じ沈丁花からできている沈香と呼ばれるものです。伽羅はベトナムの一部でしか取れないのに対して、沈香はベトナムも含んだ東南アジア全域で取れます。インドネシアのものが結構品質が良いと言われております。

あと白檀というのは、これはみなさんご存知な方もそこそこいらっしゃるんじゃないかと思います。例えば精油の世界ではサンダルウッドとかそんな形で言われたりもしています。白檀の木の中には油分が含まれておりまして、そちらが精油の世界ではサンダルウッドとして使われたりいたします。実際に油分が含まれているのは木の芯の部分になります。

次は香原料です（図表3-8）。香りの原料はいろいろあるんですけど、例えばジャコウジカの香嚢、麝香。香嚢というのは縄張りをアピールする香りを貯め込んでいる臓器です。麝香はその臓器の内容物です。龍涎香というものはマッコウクジラの結石です。こういった動物系の原料を使ったりします。

次は樹脂系のものですね（図表3-9）。乳香というと、キリスト教の教会でもくもくと焚かれて

図表 3-7　香木

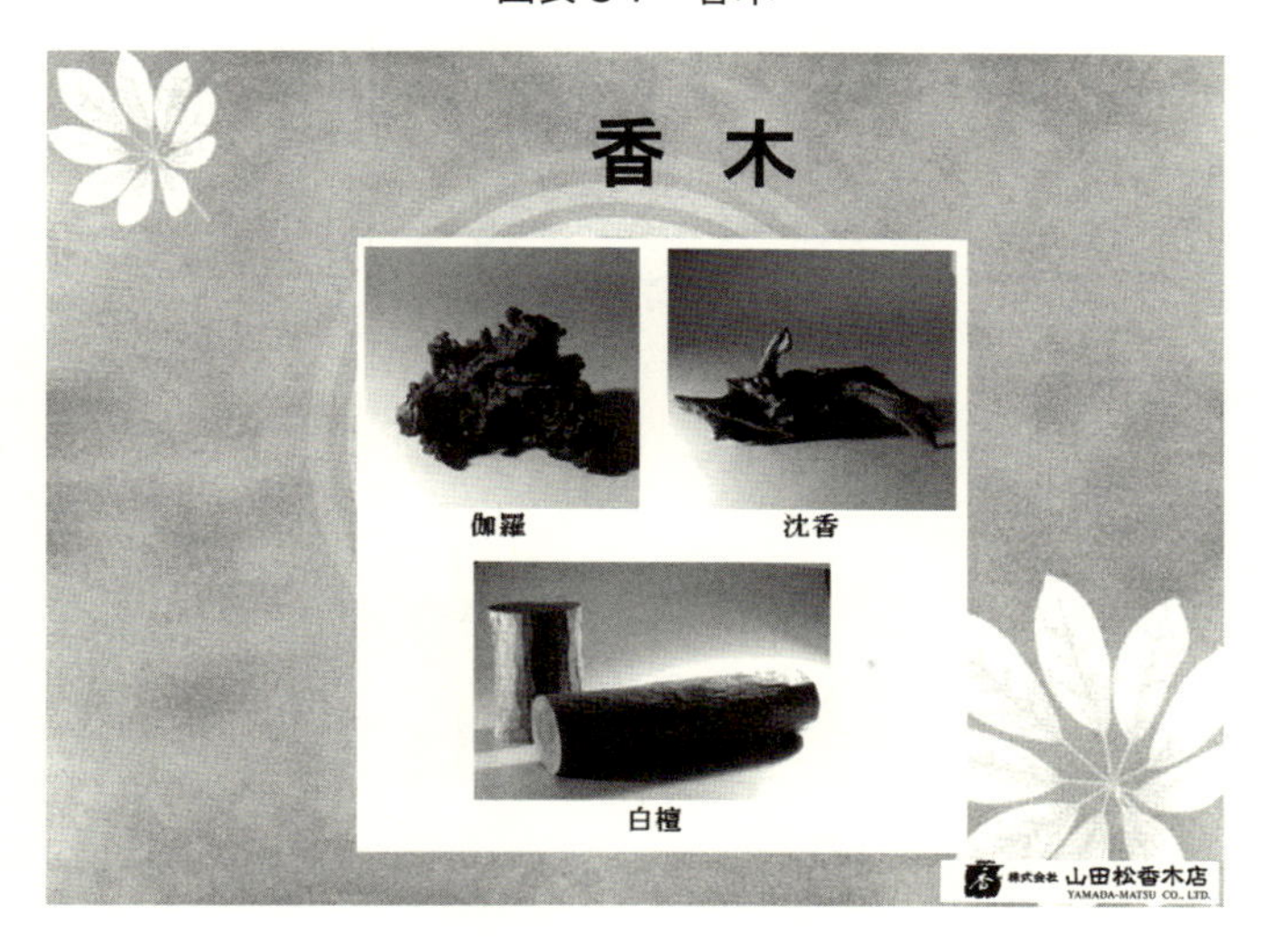

図表 3-8　動物性香原料

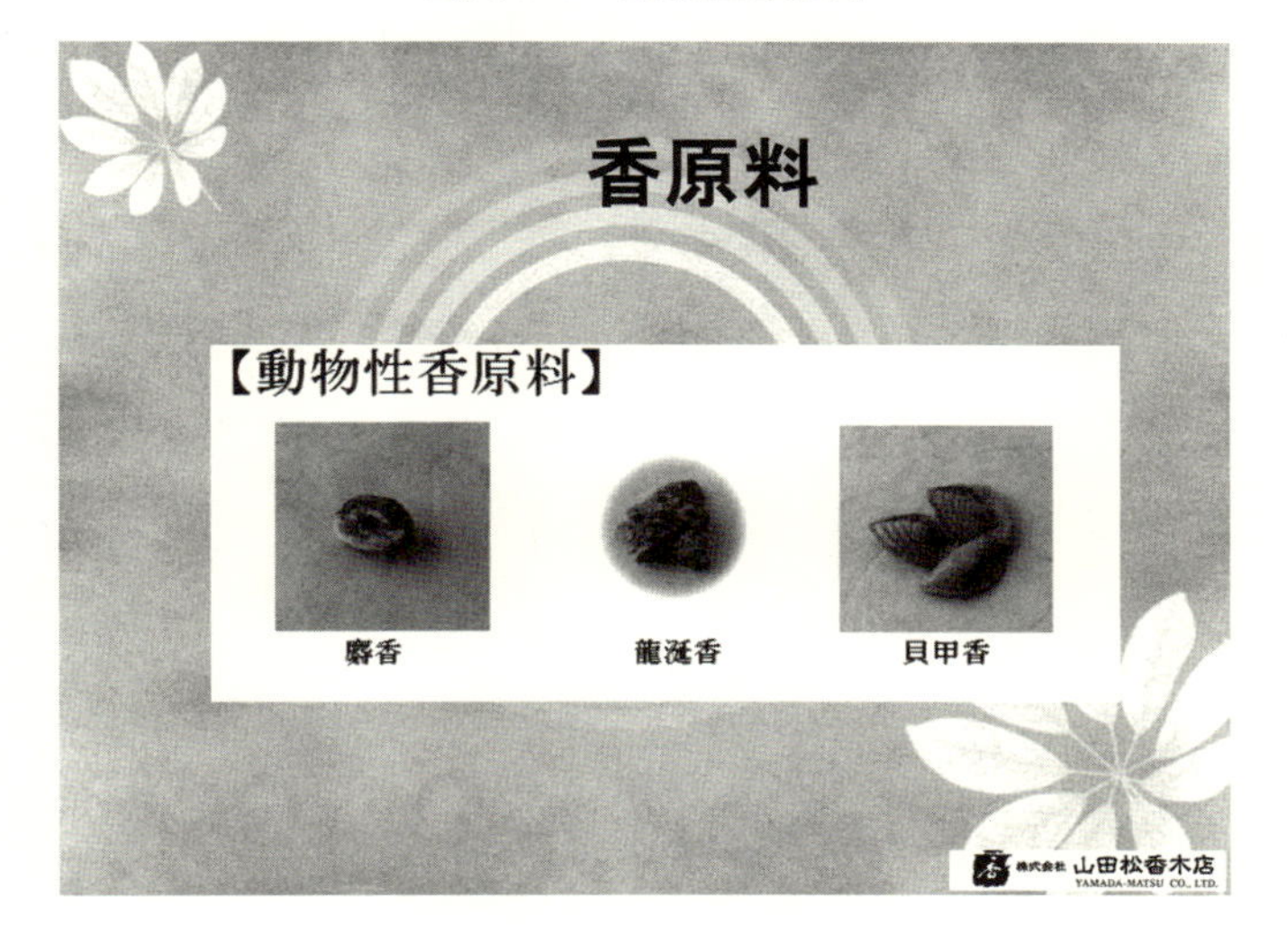

図表 3-9　樹脂系香原料

いるのを見掛けたことがある方もいらっしゃると思うんですが、それが乳香そのものです。没薬（もつやく）というのは、英語ではミルラと言いまして、昔、ミイラを保存するために使われた香料です。香料であって、かつ防腐の意味合いを持っていたり、防虫の効能があったり。本当にいろいろな効果があります。

あとは草木系ですね（図表3－10）。例えば花のつぼみですとか、皮、根っこ、葉っぱなど、そういったものが使われます。

香木による工芸品（図表3－11）、白檀の扇子が象徴的です。白檀そのものを削ってこういった自由な形をつくり、扇子にしたりしております。

いわゆる日本の香り系のお線香、これはみなさんよくご存じだと思いますが、うちの主力商

図表 3-10　草木系香原料

図表 3-11　工芸品

品でございます（図表3－12、13）。
さきほどの話にもありましたが、薫物（図表3－14）。これはいまはお茶の世界で使われることが多いものなんですけども、個人で趣味の範囲で使われる方も結構いらっしゃいます。お茶のときには一番初めに炭を用意するときにこの薫物を入れたりします。

あとはいわゆる仏事で使われる焼香（しょうこう）です（図表3－15）。右側は塗香（ずこう）といいます。塗るお香と書きますね。例えばお参りするときですとか、写経をするときの前に、手に塗り込んで心身ともに清めるという、そういったかたちのお香もございます。

最後は匂袋（においぶくろ）（図表3－16）。これはお土産物屋さんですとか、そういったところでよく見ていただくことがあるかと思うんですが、置い

図表3-12　線香

図表 3-13　線香

図表 3-14　煉香（薫物）

図表 3-15　焼香・塗香

図表 3-16　匂袋

ておくだけで香りが漂ってくるもの。こういったものもうちの主力商品でございます。

香りビジネス

ここからちょっとビジネス寄りの話になっていきます。香りの市場規模はどれくらいかというと、図表3-17のような推察ができます。しかしこれは日本の香り業界のデータを示すものではないので、あくまで概算ですが、日本の「香りビジネス」の規模は300億円ぐらいと言われています。

では、そのシェアはどうなっているかといいますと、ここはN社さんです（図表3-18の円グラフのA）。よくCMされているところです

図表 3-17　「香りビジネス」の市場規模

「香りビジネス」の市場規模

香りビジネスの市場は、香料の生産額で1,500億円、関連商品では家庭用芳香剤が340億円、入浴剤が500億円という数値から、その市場規模も大きく見込めると考えられる。しかし、「香りビジネス」としての市場規模のデータはいまのところない。

出所：「第10次新版 業種別審査事典」金融財政事情研究会、2006

図表 3-18　業界市場規模

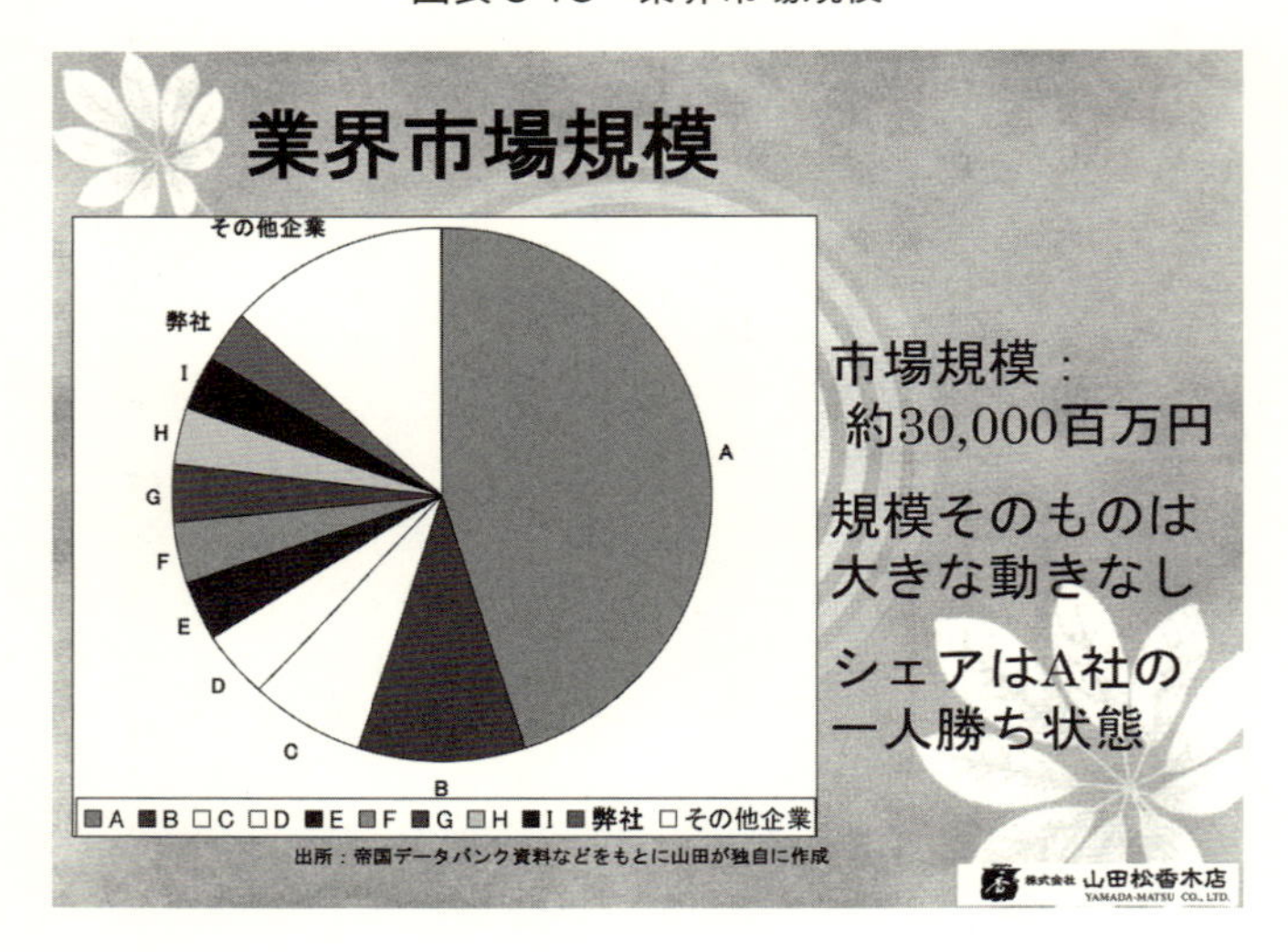

図表 3-19　薫香業界の構造分析

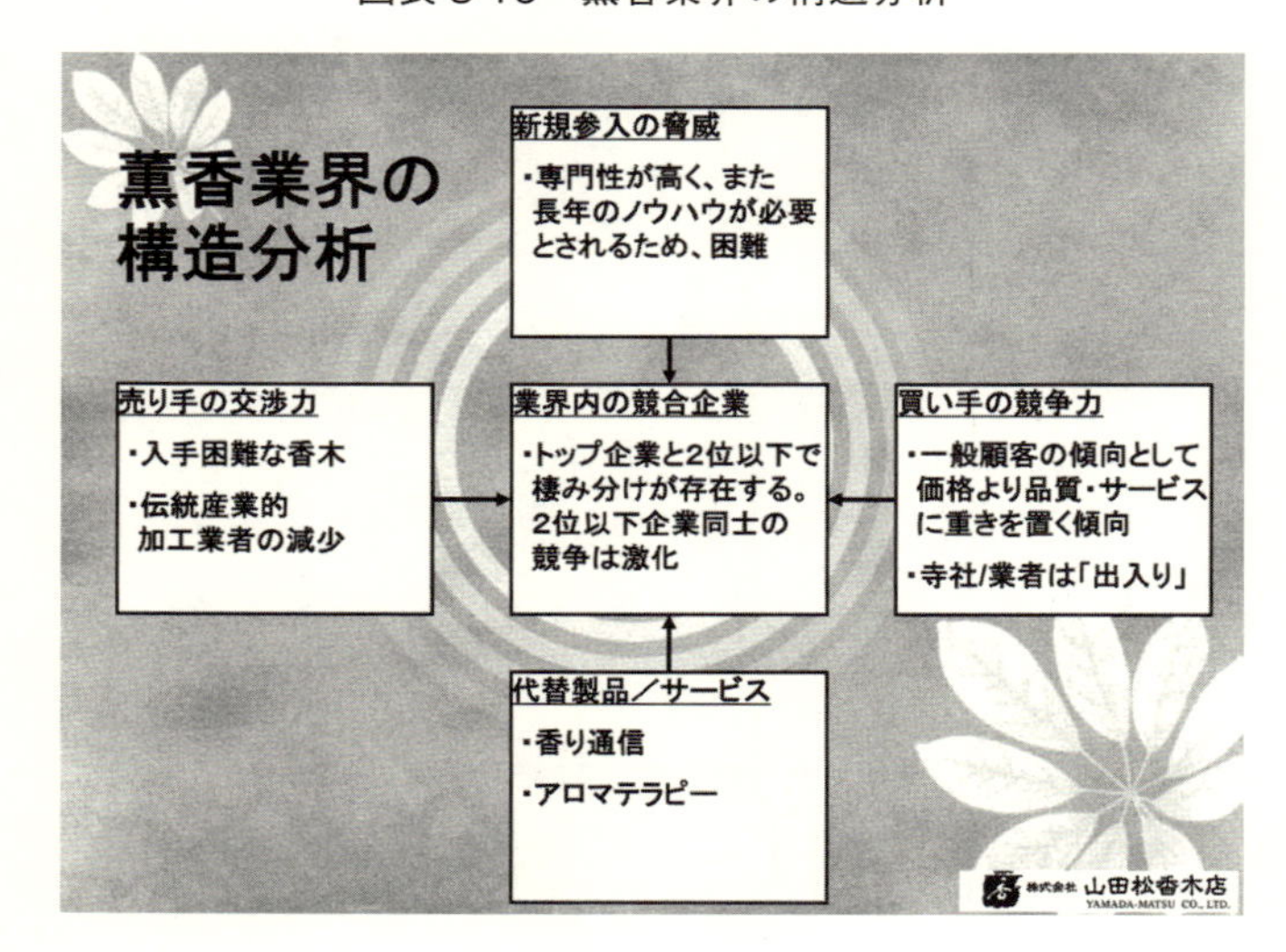

ね。日用向けの線香を大量に、それこそホームセンターとかコンビニエンスストアというマス向けの販路で展開しておられます。非常に大きい規模になります。ここがシェアを半分近く取っておられます。あとは、日本的なお線香ですとかお焼香、匂袋をやっているのがB以降の企業です。ちなみにこのグラフはつくった時期が10年弱前なので、いまうちはもう少し上位におります。

シェア的にはあまり変動することがなく寡占的な市場なので、新規参入が非常に難しいんです。機械的な問題もあるし、ノウハウ的な問題もあるので、閉業されるところが多ければ多いほど割合的にはどんどん寡占に近づいていくと、そんな構造になっています。

このご時世で市場規模がそこまで変わらないのは何故かというふうに思われるかもしれませんが、取り扱うものの性質上、お寺さまの利用がかなり多いんです。うちはお寺さまのビジネスを、対企業、BtoBのビジネスとして捉えておりますけれども、向こうもお仕事として使われるわけで、領収書を出してお買い上げいただく形の商売です。そういったお寺さまの需要というのはなかなか乱高下しませんので、市場規模はそれなりの規模をずっと保っているという状態になります。

ベトナムにおける植林事業

将来的な展望は数多くあるのですが、私としてもこのような形のことを考えておりまして、事例を交ぜながら話せればと思います（図表3－20）。

まず、さきほども少しお話をいたしましたが、ベトナムで植林の事業をしております（図表3－21、22）。これは本当に気が遠くなるような話で、樹脂が1～2ミリたまるのに10年程度かかります。そんな気が遠くなるような話なんですけども、始めなければ始まらないということで、私がいまやっております。図表3－21の左下が苗木なんですけど、それを手配した林に植えますと、わりとすぐ大きくなるんですね。

図表 3-20　将来への展望

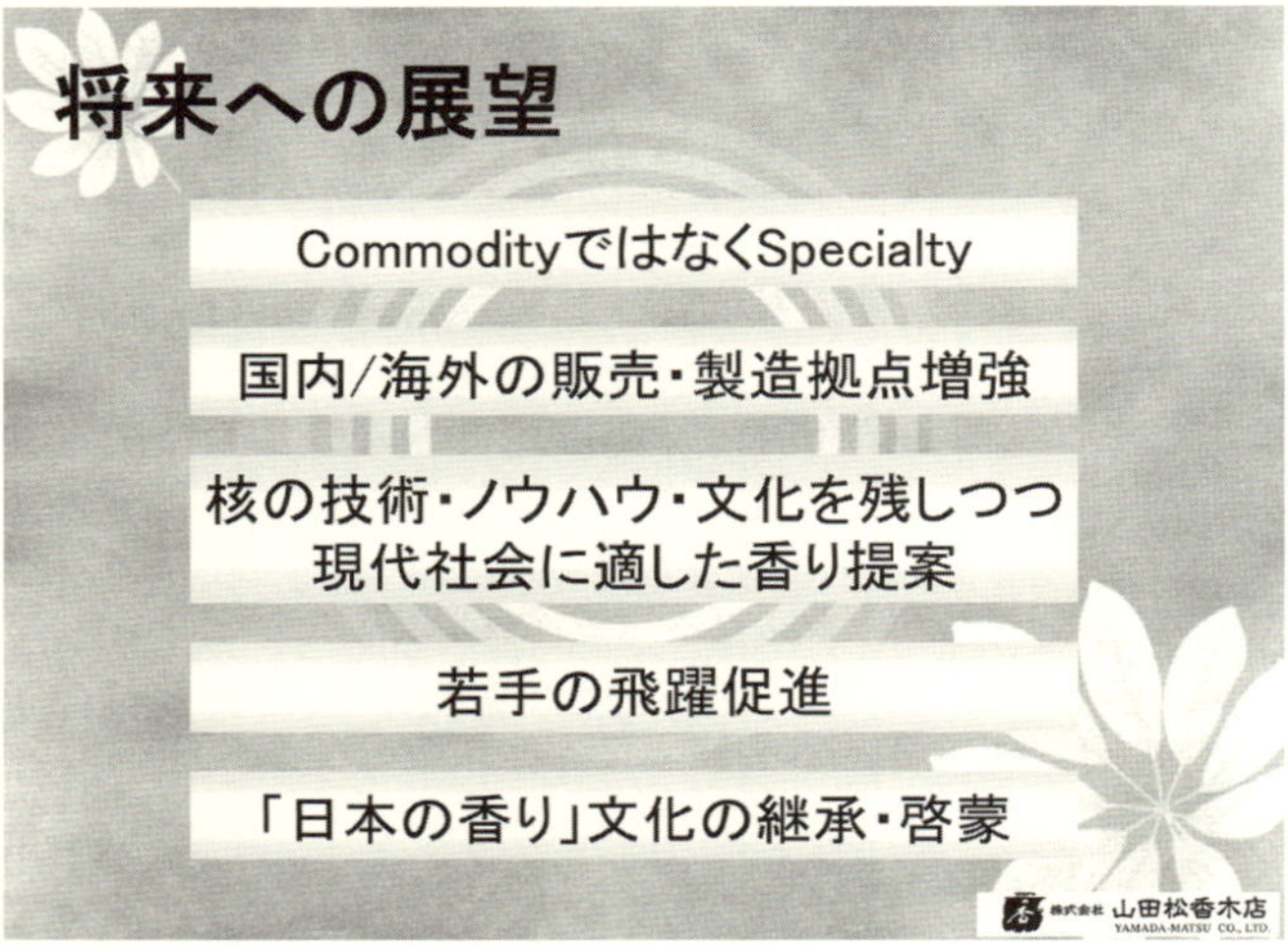

将来への展望

Commodityではなく Specialty

国内/海外の販売・製造拠点増強

核の技術・ノウハウ・文化を残しつつ
現代社会に適した香り提案

若手の飛躍促進

「日本の香り」文化の継承・啓蒙

株式会社 山田松香木店
YAMADA-MATSU CO., LTD.

図表 3-21　ベトナムにおける植林事業

図表 3-22　ベトナムにおける植林事業（続き）

何年かで自分の背よりもはるかに大きくなることもあります。あとはさきほどもお話をした、人間でいう傷を付けることによって樹脂が出てくるという要素もございますので、例えば釘を木に打ってみたり、皮をちょっとはいでみたりとか、そういうことをすることもあります。

現実的には、本当にいつ実を結ぶ活動かわかりません。それこそ私の次の代、その次の代ぐらいで何かの形になっていることを期待しつつ、まずは開始したところでございます。

既存の事業コアを残しつつ、現代社会に向けて新しき提案を

これは最近なんですけど、半蔵門に事業所をつくりました（図表3－23）。店舗兼事業所ということで、販路の拡大ですね。東京は非常に大きなマーケットになっておりますので、その辺を開拓する拠点ということで、3年ほど前から展開させていただいております。

ここで香りのサロン的なことを始めています。お香に興味があったり造詣が深い、ちょっと富裕層の方に集まっていただいて、話も交えつつお香を楽しんでいただく、そういった活動をしております。

これは売上高に対する利益率のグラフになるんですけども（掲載割愛）、何が言いたいかというと、うちの商品価格というのは、例えばお線香とか匂袋とか、一般的な感覚からいうと相対的に高いんで

図表 3-23　半蔵門店（兼事業所）展開

す。なぜ高いかというと、うちは基本的に天然の原料しか使っていないからなのです。これは業界内では少数派なのです。お香の製造におきましては、例えば化学的なものを使うことである程度コストを下げるという方向に行かれる企業さんもあるんですけども、あえてうちはオートメーションも最小限にし、物理的に押し出すといったところに限定して、原料は天然のものを使い、非常に質のいいものをつくっております。

ですので、お客さまの層としては非常にニッチなところが対象となります。お線香でどんな香りでもいいからとにかく煙が出たらよいというような方々は、恐らくうちのお客さまの層とはマッチし難いのかなと。香木をはじめとした天然香原料に興味と理解があり、価格としては高めではあるけれども、そういったものを良いとおっしゃって選択していただく、そういった方々に利用していただくことを想定しております。

これはいまの社会やライフスタイルに合わせてどんな提案ができるかという一つの取り組みです（図表3－24）。これは若手育成ですね。うちも最近、若手が毎年何人も入社しておりまして、彼らに達成感を味わってもらいたいし、実力を付けてもらいたいということで、こういったブランドをつくろうという活動をしております。

これは現在のライフスタイルに合わせた、うちの筋とはちょっと違う製品が入ったりするブランドなんです。例えばクリームがそうです（図表3－25）。いままでクリームはつくって

図表 3-24　きぉと

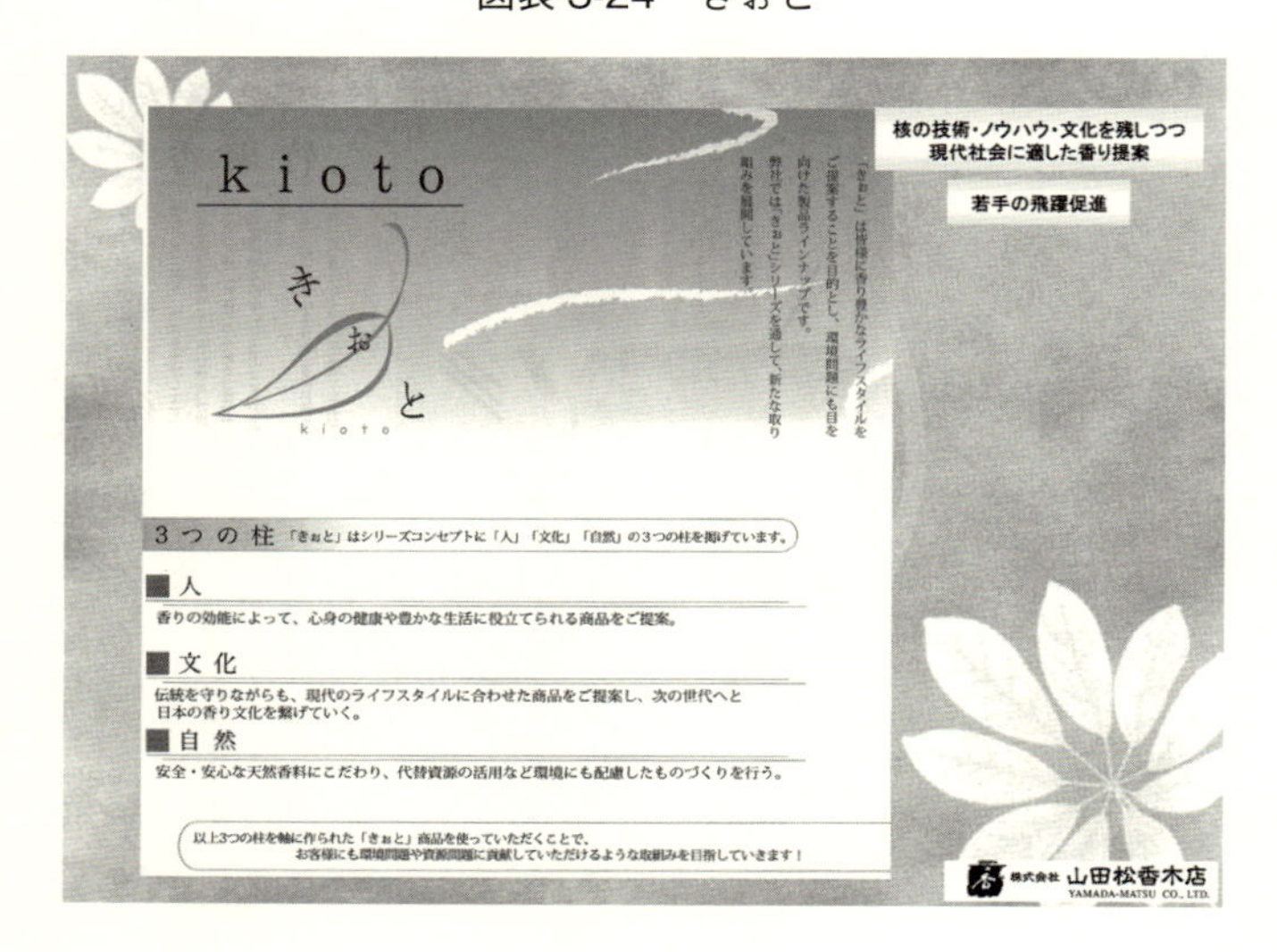

図表3-25　きぉと

いなかったんですけど、この機会に始めました。これは天然の精油を使った白檀のクリームなんです。

あとは震災支援の匂袋もありまして、実際に売上の一部を募金しました。こちらは電子香炉（図表3－26、27）。これはいま現物が手元にあるんですけれども、いままで香木を楽しもうと思うと、さきほどもやり方をお話ししましたが、火のついた炭を灰の中に入れて、その上に雲母の板を置いて香木を間接的に温めてあげるという方法をとる必要があり、非常に手間がかかりました。そこで、当社にてこのような電子式で温める香炉をつくりました。中は充電式の電池になっております。この形というのは3つの足が流線上にあるんですけども、そもそもお香の香道の世界で使われる香炉には3つの足が付い

図表 3-26　電子香炉 kioka

図表 3-27　電子香炉による新提案

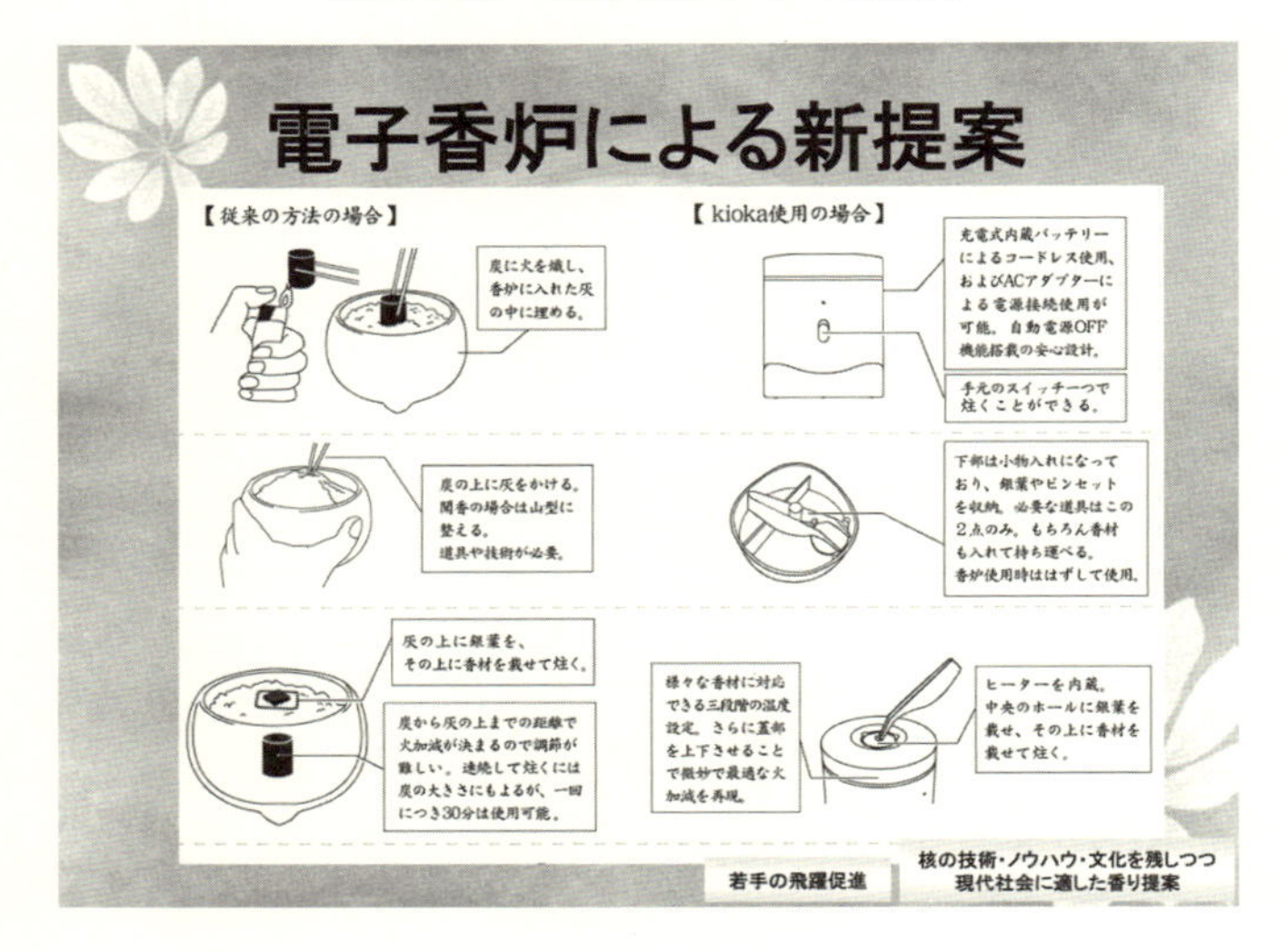

ておりますので、この電子香炉は香道でも同様に使えることを想定して製作いたしました。

実際にお香の席で使っていただいたこともあり、本当にいろいろな場面で使っていただいております。うちとしては、企画から試作から機器製造までずっと面倒を見るというのは本当に初めての経験で、かなり勉強になりましたが、難産の末、こういった電子的な香炉が完成しました。現代の方々というのは非常にお忙しくされておりますので、ボタン一つで温められて香りを楽しむことができるという、昔ながらのやり方を簡略化したような形が強く支持されております。

うちのＢtoＢの取り組みは多岐にわたり実施しているんですけれども、秘密保持契約的なところもありまして、あまりお話しできる事例が多くないんですが、例えば星野リゾートさんのケース、高級旅館ブランドである星のやさんはうちの名前も一緒に出していただいて、協業というような形でさせていただいております。星のやさんは現時点で軽井沢、京都、東京の香りはうちのほうで包括的なプロデュースをさせていただいています。

例えばスライドで言うと聞香（図表3－28）、これはお香の体験です。星のやさんの場合は海外のお客さまも非常に多いので、海外の方によりご理解いただける形にアレンジをして、星のや京都で実施するお手伝いをさせていただいております。星のや東京さんでは、さきほどご紹介した電子香炉を使った体験のお手伝いを同様にさせていただいております。

あとは「水辺の好日」という、スパと滞在の一体型プログラムがありまして、ここで自分だけの香

図表3-28　星野リゾート（星のや）プロデュース

りづくりというセクションがあるんですが、これがまた面白くて、お客さまがチェックインされる前に香りの嗜好というのをアンケートで取らせていただいて、まずうちに情報をいただくんです。その後、実際にチェックインをされたときに、お客さまがどういう体質かを東洋医学的な判断をもとにされまして、その方の嗜好に合った自分だけのお香をつくっていただくサービスとなっております。

これは星のや東京です（図表3－29）。2016年にオープンしました。大手町のビル街の中にありまして、星野リゾートさんの最近の展開ですね。こちらのエントランスで、正面玄関を開けたら目の前にばーっと真っすぐ広がるこのような空間がありまして、この空間でうちで誂えた星のや東京さん用のお香を使用しています。

京都でも同じように客室に星のや京都さん用のお香を置いておりますし、軽井沢さんのほうでも客室にお香を置いております。

その上でさらにこういった形で（図表3-29右側）、星のやさんには、フロント近辺に売店があるんですね。そこで滞在中にお客さまが感じていただいた星のやさんの香りを販売もすると。こういった形で、例えば宿泊施設さん向けの包括的香りプロデュースの需要が近年増えてきておりますので、当社としても力を入れている次第でございます。

あと星のやさんではスパもされているんですけど、そのスパでも例えば施術前にちょっとリラックスしていただく香りなどもさせていただいております。まとめますと、星のやさんでは、

図表3-29　星野リゾート（星のや）プロデュース（続き）

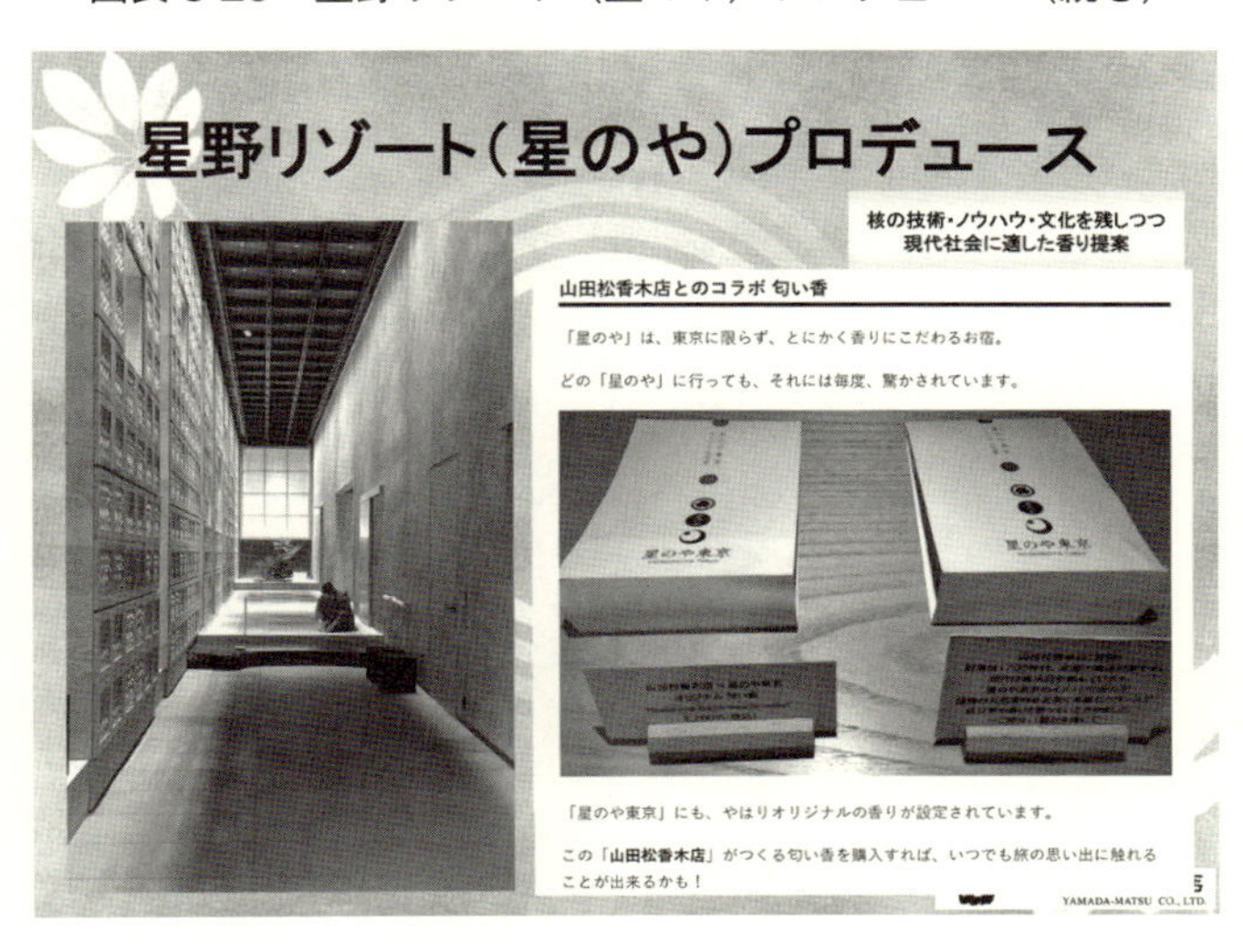

このようなな形でさせていただいております（図表３－30）。いままでうちは製品を基本的に売ってきた会社だったんですけども、時代的なこともありまして、こういった形で香りというものでお客さまをお迎えする、サービスの中の演出として使われるお香の認知度というのが高まっておりますので、サービスとしての香りのほうも提案をさせていただいているというところでございます。

次は子どもさん向けの取り組みですね（図表３－31）。例えばこれなんかはうちがやっている夏休みの親子体験なんですけども、親子さんで来ていただいて、こういった展示ですとか実演のブースがあったり、実際に香道をお子さんにしていただいたり、匂袋をつくっていただいたりしています。区や市といった各種自治体

図表3-30　星野リゾート（星のや）プロデュース（続き）

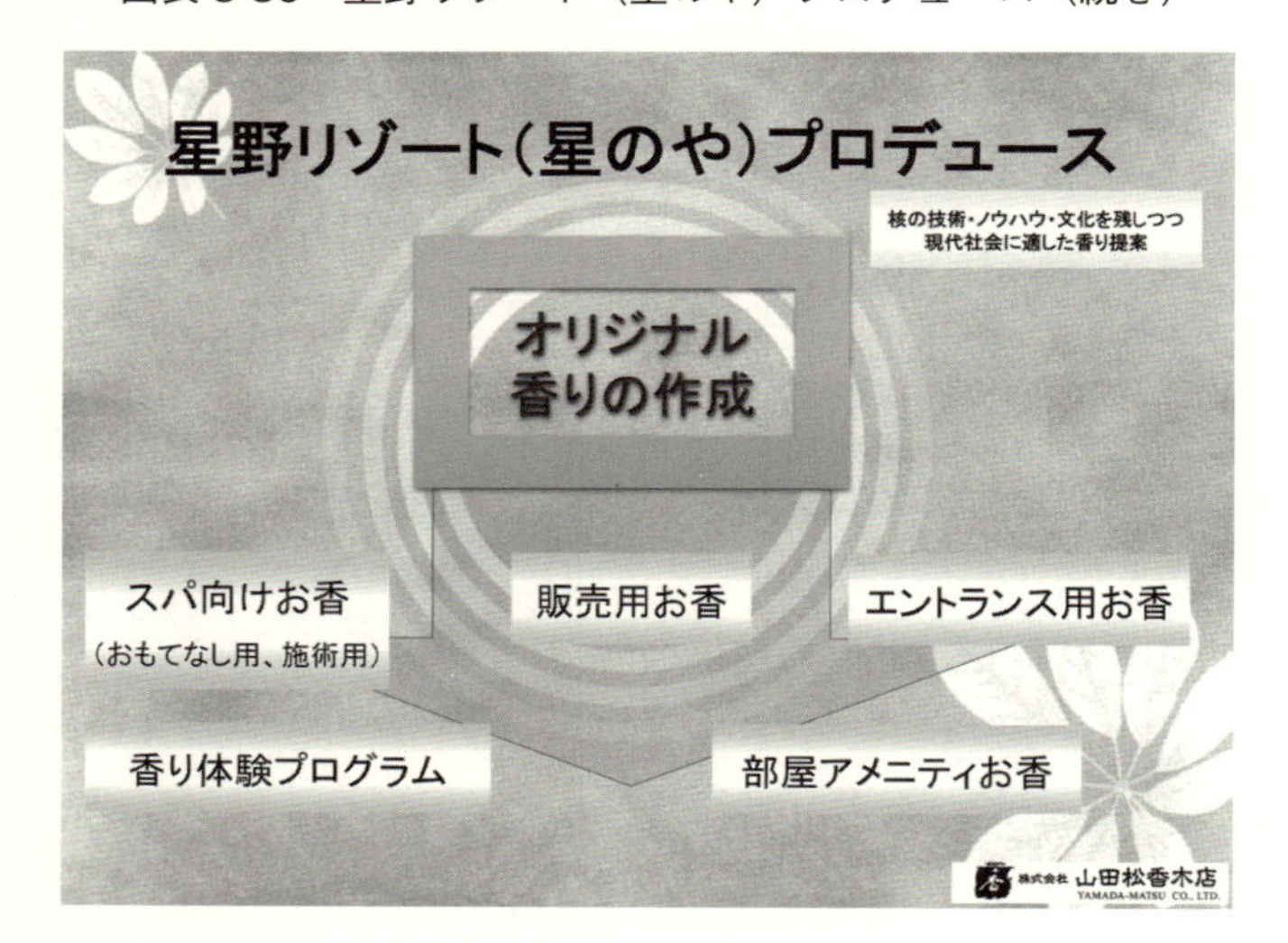

図表 3-31　子ども向けの取り組み

からもこういったお話が結構来ますので、お話がありましたらせっかくのご縁なのでやらせていただいております。商業的に儲かるかと言われるとなかなか難しいところがあるのですけど、将来に向けての種をまくといいますか、啓蒙活動という点に重きを置いて、こういった取り組みをさせていただいております。

こういった活動も若手中心に実施しております。やはり若い人に対しては若手は頑張ってものを考える傾向がありますので、モチベーションの向上に繋がっていると感じております。

あとは各種体験ですね（図表3－32）。いわゆる聞香体験や、匂袋をつくったり、さきほど出てきた煉香をつくるということをレギュラーでしております。幅広い方々にお香とは、日本の香りというのはどんなものかというものを実

図表 3-32　各種体験

際に肌で触れていただいて、満足して帰っていただくという基本的な考えにより開催しております。こちらも人が割かれて結構大変なんですけど、おかげさまで好評をいただき、予約が毎日埋まってしまいます。繁忙期は数か月先でも予約できなかったりするぐらいですね。本当に多数の方にお越しいただいてうれしい限りです。

話としては以上ですが、最近テレビで私の身の丈以上にうまいこと紹介をしていただいておりますので、最後にちょっとご覧になっていただこうかなと。

（DVDを再生）

動画は少し恥ずかしかったんですが、以上で私のお話とさせていただきたいと思います。

質疑応答

【司会（入澤）】　山田専務、どうもありがとうございました。（拍手）

今日のお話、伝統的な話から京都の老舗企業としての革新の動きですとか、かなり幅広い話がありましたけども、いろいろとみなさんも聞きたいことがあると思いますので、Q＆Aセッションに入りたいと思います。

【質問者2（松本）】　松本といいます。とても面白いお話ありがとうございました。

仏教とともに日本に香木が入ってきたということでしたけれども、仏教の伝播というのは日本だけではなくてほかの国でもあったと思うんですが、そちらでは同じような香道というか、香りをたしなむ文化は広がらなかったのでしょうか。

【山田】　本当に目の付け所が鋭いというか、おっしゃるとおりで、香木を含めた香りの原料が通ってきた道には、もちろん香りの文化というのがございます。例えば中国では仏教がもともとありますし、その仏教の中で、ちょっと日本とは違う形なんですけれども、お線香的なものがいまでも使われていたりもしております。

ただ、これはうちの事業のすごく面白い点なんですけど、日本の香り、例えば匂袋とかお線香とか、そういったものに使っているお香の原料というのは、日本産のものがほぼないんですね。確かにお香の原料が通ってきたところにもろもろお香の文化がありますけども、いま、日本で日本の香りとして発展しているのは日本固有の文化です。ただ、使っているのは日本のものではないという。ジレンマではないんですけど、非常に興味深い構造になっております。

【質問者2（松本）】　香木が枯渇している状況で、御社の事業のモデル、どの程度の市場規模が適正なのかというのがぱっとわかりませんでした。いまの規模でいくと何年間ぐらいはずっと原材料が確保できますとか、何かそういう需給のギャップは見通しはあるのでしょうか。

【山田】　そうはいっても、いま、実際に植林による香木の生産というのはそれなりにあったりもしますので、今後増えていくと、例えば天然ものと植林ものが逆転するような時代は来るかもしれませんが、未だ天然ものは市場にはかなり残っておりますね。そもそも香木というものを大量に使われる方はそうそういらっしゃらないのに加えまして、いわゆる日本的な香り業界の中では、香木の直接販売は徐々に縮小傾向になっています。逆に混ぜてつくれるもの、例えば各種香りの原料と少量の香木というような、そんな形のものにシフトする傾向なのが現在の流れですので、香木は少しずつ規模が小さくなっていく、それ以外の規模を大きくするという状態になっていると感じております。

【質問者2（松本）】　ありがとうございます。

【質問者3（山畑）】　今日はありがとうございました。山畑と申します。

いま、歴史的なお話とかそういったご質問があったので、別の角度の質問になるんですけど、シェアを伸ばしたというふうなお話があって、実際に10年前からシェアとか収益率がかなり上がってきているんと思うんですが、それって何か特別な取り組みをされたのかなというのが気になりました。それと、途中で星のやさんなどの話があったように、ただ単にものを売るという商売からいろいろなプロデュースなどに広げられていると思うんですけど、その辺の事業構成比とかってどうなっているのかなと。

最後に、ちょっと落ち着いちゃいましたけど、インバウンドとかでかなり京都とか、私も大阪の放送局なのでその辺が気になっているんですけど、外国人の方が訪れている場所だと思うんですけど、そこに対しての何か対策とか、将来的な話かもしれないんですけど、そういったことをされているのかお伺いしたいなと思いました。

【山田】　シェアといいますか、売上と利益率が上がっているという側面は確かにあります。これは単純にというわけではないんですが、三つ目のご質問のインバウンドの影響というのも多少はありまして、日本に来られて香木のとくに良い品質のものを欲しいとおっしゃる方が実際相当増えました。ただ、うちとしてはあくまでも日本の文化としての香りを販売させていただいておりますので、いわゆるブローカー的な方には売らないようにしています。いずれにせよ文化的な意義も内包するものなので、香りを楽しんでいただきたいという思いが根底にございます。そういった意味では、確かに販売

図表 3-33　講義風景

提供：早稲田大学ラグジュアリーブランディング研究所

機会は増えたという側面はあります。

　シェアが上がったというのは、一つは知名度が上がったのがかなり大きいのかなと思います。7～8年前辺りからメディアでかなり取り上げていただくようになりまして、テレビですとか、新聞、雑誌というメディアから頻繁に取材を受けるようになりました。その影響で、直接的には目に見えないんですが間接的にじわじわと底上げがなされた結果なのかなと思います。もちろんうちのほうで広報的な、各メディアに取り上げていただく努力は社内的に相当力を入れておりますので、その辺が年を経て徐々に実を結んできた結果なのかなと思っております。

　あと、おっしゃっているとおり、香り

のプロデュース的なところもございまして、法人顧客が当社に目を向けてくださっているなといった感覚もあります。この辺は知名度との相関的な話になると思うんですけども、何かが爆発的に売れた結果、売上が上がっていっているわけではなくて、本当に満遍なく上がってきているような状態です。

事業の構成比は、具体的な数字はあまり申し上げることができないんですけども、本当に大ざっぱに言うと、一般のお客さま、お寺さま、業者さま、あとはそれ以外で4等分ぐらいの形になります。

ウェブのほうも現在ちょうどECシステムを刷新しております。それはウェブで一般のお客さまにお買い求めいただくのに加えて、もっと先進的な形を目指しています。私はもともと大手電機メーカーのシステムエンジニアリング部門に所属しておりましたので、その辺は非常にやりやすいところがありますので、頑張っています。ちょっと五月雨式の回答になりますが、そんなところでございます。

【質問者3（山畑）】　ありがとうございました。

【質問者4（上村）】　貴重なお話をありがとうございました。私は上村と申します。

広告代理店で働いておりまして、担当しているのが空調製品で、個人的に気になっているのが、香りというところで、いまのコアなターゲットは、「和樂」とかが出ていたので年齢層が高めで、ちょっと和に興味があって、年収が高い人なのかなと思っているんですけども、それが合っていますでしょうか。また、広げたい層、次に伝えたい層というのはどういう人たちなのかというところを教えていただきたいなというのが一つ。もう一つが、香りのプロデュースのときに、住環境とかどういうポイントを意識されているのかというところをぜひお伺いしたいと思います。

【山田】 香りのターゲット層なんですけど、基本的にうちの製品およびサービスを支持していただける最もメジャーな層はシニア層前後になります。それに対して、これからわれわれが開拓していきたいところは当然若者になります。将来的な伸びしろもある若い方にももっと支持していただきたいと。

そうはいっても知ってもらわないと始まらないので、例えば本日ご紹介させていただいた電子香炉ですとか、より身近に使っていただけるものを中心に活動しているのと、あとは体験系というのは若い方にも好んでいただけます。なので、体験というのは一つの事業の柱として、さっきもちょっとお話ししましたけど、体験単体では収益はあまり望めないのですけど、裾野を広げる啓蒙活動として、体験というものをさせていただいているところです。

企業さんに伺って体験を行うことも数多くあります。例えば企業さんの研修でこの前、ちょっと秘密保持契約の関係であまりお話しできないんですが、某大手ブランド企業の幹部さん、若手の店長さんクラスなど、管理職クラスの方々向けの研修をしてくださいということで、何回も先方に伺って、香りとはどんなもんや、香木の香りってどんなもんやという、そんなお話と体験をさせていただいたりもしております。このような取り組みは本当に幅広くしていきたいと常々思っております。

もう一つのご質問で、どういった環境を意識しているかということですが、香りをプロデュースする際に、例えばものでいうとうちのものってわりとシニア受けするものなのですが、香りだけで言うとわりと万人に受けるんですね。見た目じゃなくて本当に感覚だけ。例えば星のやさんですとスタッフに若い方も多い中で、非常にいいというふうにおっしゃっていただくことが多いので、そこら辺が一つのこれからの事業のヒントになるのかなというところですね。なので、ものではなくて、どっちかというと広義でいう「香り」というものをメインに普及させていきたい。

じゃあどうするかというと、例えばさきほどお話ししたように、どんな環境で考えていくかというと、香りには鎮静効果があるわけなんですね。なので、基本的にはリラックスしていただく。なので、宿泊施設ですとか飲食店とか、ああいった業種と非常に相性がいいわけなんです。おもてなしの中でリラックスして、香りともども滞在中の空間を楽しんでいただくといいますか、味わっていただくという、そういうところをメインに想像しながらプロデュースしていくことが多いかなと。いろいろ話をしてしまいましたけれども、答えになっておりますでしょうか。

【質問者4（上村）】　ありがとうございました。匂いにとくに敏感というか、こういうのが好きというターゲットって女性ですか、男性ですか。

【山田】　基本的にはターゲットのメインはやっぱり女性になりますね。香りが好きでうわーっと買っていただく、楽しんでいただくというのは女性が7～8割ぐらいになります。ただ、男性のほうがコアなユーザーの割合は多いです。

【質問者4（上村）】　ありがとうございました。

【司会（入澤）】　いまの話ですと、私も香りにあまり敏感なほうではなくて、私の妻ですとか、周りの女性社員は非常に香りに敏感で、ちょっとした違いでもすごく感度が高いんですよね。そういう意味では、もともと女性のほうが香りに対しての意識がいろいろと高いんじゃないのかなと、個人的に思いました。

【山田】　確か、さきほど空調のお話があったので、それについて言及しますと、最近ちょこちょこ空調系のお話をもらうんです。どんなものかというと、例えばエアコンに日本の香り、いわゆる日本の匂袋の香りを付けられないかとか、送風機に付けたいとか、あとは展示会をするときにちょっとした和のブースがあって、そこで送風をするんだけども、その中にちょっとした香りを入れられんかいなというたぐいのお話がここ数年で増えてきました。

そのようなシーンでは燃やして香るものは当然不適合ですので、常温で香るものをご提案差し上げるんです。例えば送風機の前にうちでつくった日本の香りを設置し、香りと一緒に風が飛んでいって、和の香りがするという、そういったお話がありました。

このような異業種コラボレーションを通じて、色々と応用例を研究したいなとはつねに感じております。何かありましたらよろしくお願いします。

【質問者5（所）】　貴重なお話ありがとうございました。卒業生なんですけど、今日案内を受けまして、参加させていただきました所と申します。

私、個人的に家がお寺でして、白檀のお念珠とかお香とか、お線香の香りが崇高な雰囲気をつくるというところはすごく感じるというところです。質問させていただきたいのは、若手の育成に関してです。お話を伺っていると、伝統を守るとか、その一方で裾野を広げていく、認知度を上げていくという中で、結構いろいろなことに取り組まれているなと思うんですけれども、チャレンジをどこまで許しているかというか、許容される範囲が知りたいなと思います。

ご案内いただいた電子香炉の件も、従来の手法においては灰を整えていくというプロセスさえも香りにつながるような貴重な体験なのかなというふうにも感じてはいたんですけど、結果その香りというのを認知するということを考慮されているのか、それともどこまで伝統というところを引き継いでいらっしゃるのかというところをお伺いできればと思っています。

【山田】これはどっちがいい、悪いというものでは決してなくて、どっちも進めていかなきゃならないのですが、いずれにせよ昔からの伝統というのは、老舗である以上、絶対守っていかなければならない一つのラインであります。ただ、香りのコアな部分は残しつつも新しい方向性の製品もつくるという方向性で進めておりますので、例えばさきほどご説明した電子香炉も、既存の香炉が不便という話でつくったのでは決してなくて、あくまでもいまの人向けの代替案といった意味合いでつくっているところが大きいです。なので、当然いわゆるトラディショナルな従来のお香の香炉がつくれるようなセットも現在販売しておりますし、どちらも選んでいただけますという、選択肢を広げることが裾野を広げることになりますので、そういった形でさせていただいております。

若手にどこまでやらせるかという話なんですけども、さきほどお話ししたコアな部分をしっかり押さえているのであれば、かなりさせていますね。意見を上げても上げても全然採用されない、報われないという状況に陥っていくと、企業的にもどうしても負のスパイラルになっていきます。達成感というものを味わってもらわないと、とくにいまの若者はなかなか定着、成長しませんので、なるべくそのようにしております。

私もいろいろな案件を聞きますけども、ある程度これやってごらん、君が責任者でやってみたらと、最近は入社3～4年目ぐらいでもそんな形でやってもらうことが結構増えてきました。うちのおやじ（社長）が旧態依然派なので、なかなか昔はそういうことができなかったのですけども、徐々に会社も新しい風を入れていかなきゃならないという感覚にシフトしております。

また、いわゆるダイバーシティ、多様性というのが本当にこれから必要だと思いますので、そこら辺はこれから企業の力としては、一つの柱になっていくのかなと常々考えております。

【質問者6（古宮）】 古宮と申します。本日はありがとうございます。

今日の話の中でお香は国内展開が中心になっていて、グローバル展開というか、やはり海外にニーズは少ないのかというところと、もちろん旅行で来て買うんだけども、帰国した後にリピートで買うということはあまりないものなのかというところをお伺いできますか。

【山田】　私どものような製造業をやっておりますと、グローバル展開というのはなかなか面白くも難しいところがあります。例えば少し前までうちが勘違いというか、認識が若干違った部分があったのが、例えば中国でいうと現地向けの製品をつくってみたことがあるんですけど、結果的に思ったほど受けなかったんです。どちらかというと日本でつくっているそのもののほうがいいと向こうの方がおっしゃることもあり、そのケースだと日本製の日本産の日本の企業がつくったものがいいという話でした。パッケージなどの文言が日本語で書かれていていいのかと問うと、それでよいということでした。そんなことがあって、ちょっと認識が違ったりしたこともありますが、日々勉強しながらも現在中国では上海、北京を始まりとしまして、各都市で販売しております。

最近、サウジアラビアとドバイに行ってきたんですが、とくにドバイは非常にビジネス的には伸びしろがあるところだと感じました。例えば日本製品のセレクトショップみたいなのがいま結構できてきていまして、そのような店舗さんで、いろいろなご縁があって店を出すことにもなったりしております。少しずつそういった形でグローバルな価値観にアジャストしつつ、世界に向けて発信をしていこうとしているところです。なかなか面白い事業ですよ。

【質問者6（古宮）】　ありがとうございます。

【入澤】　いろいろとまだ質問したいと思うんですけども、だいぶお時間も迫ってきました。

私も今日の話を受けて、やはり老舗というのは伝統と革新というのを兼ね備えていると改めて感じました。みなさんもご存じのとおり、伝統と革新は基本的には相反します。その相反しているものを正反合という形で最後合わせたものが生き残る企業だと私は考えるんです。ですからいま、山田松香木店さんもこれだけ長い期間生きてこられたというのは、そのときの相反するものを解決してきていま現在このような会社になっている、それが老舗であるということの証しなのかなと思います。

本当に今日は貴重なお話をありがとうございました。最後拍手で。（拍手）

第4章 美と希望のビジネス

日　時：①２０１７年７月１日（土）13時〜14時30分
②２０１８年６月30日（土）10時40分〜12時10分

会　場：①早稲田大学26号館（大隈タワー）７階７０２号室（エグゼクティブ教室）
②早稲田大学11号館９階９０３号室（馬蹄形教室）

講　師：医療法人社団 美人会 共立美容外科・歯科 ＣＥＯ兼総括院長 久次米 秋人（写真）
医療法人社団 美人会 共立美容外科・歯科 理事 島崎 友靖
医療法人社団 美人会 共立美容外科・歯科 事業推進部 部長 和田 直顕

司　会：ＷＢＳ教授、早稲田大学ラグジュアリーブランディング研究所長 長沢 伸也

〔法人概要〕

法人名	医療法人社団 美人会
CEO兼総括院長	久次米 秋人
本院所在地	東京都渋谷区代々木2-9-2　久保ビル7階
クリニック数	23院
所在地	新宿，銀座，渋谷，立川，札幌，仙台，宇都宮，高崎，大宮，横浜，柏，千葉，浜松，名古屋，京都，心斎橋，梅田，神戸三宮，岡山，高松，福岡，大分，熊本
創立	1989年2月
従業員数	200名程度（フランチャイズ含む）

〔講演者略歴〕

久次米 秋人（くじめ あきひと）

医師・実業家

1958年　徳島県生まれ
1983年　金沢医科大学卒業
1983年　高知医科大学入局
1989年　共立美容外科開院
2018年9月現在　全国23院展開

<活動>

医療法人社団 美人会（共立美容外科・歯科）　CEO兼総括院長
日本美容外科医師会　理事
第107回　日本美容外科学会　学会長
日本美容外科学会　専門医　など

はじめに

【司会（長沢）】　この授業は共立美容外科・歯科提携講座「感性&ファッション産業論」ということで開講されておりますが、その寄附元である共立美容外科・歯科、法人は医療法人社団 美人会の久次米秋人CEO兼総括院長に今日はお越しいただいております。この提携講座にご寄附いただくに至った理由も含めてお話しいただけるのではないかと思っております。

それでは、よろしくお願いします。拍手をお願いします。（拍手）

【久次米】　ご紹介いただきました久次米でございます。いま、共立美容外科は全国で23院の美容外科を展開しております。いまから私のプロフィールを踏まえて、美容外科のいまの状況などを中心にお話しさせていただきます。

みなさん、多分、美容外科と言ってもピンとこないと思うんですけど、健康人、要は普通の人をきれいにしたり、細くしたり、胸を大きくしたりとか、そういうご希望を叶える仕事をしております。

日本の場合、医療というのは自由診療と保険診療に分かれていますけど、美容外科というのは自由診療なので健康保険を使うことができません。一方、保険診療というのは、例えばおなかが痛い、足が痛い、頭が痛い、やけどをした、交通事故でケガをしたなどの治療ですね。一般的に保険診療であれば3割負担、自由診療の場合は全額を患者さまにご負担いただく形となっております。

代々医師の家系に生まれる

私の生まれ育ったところをご紹介します。四国なんですけど、ちょうど4県が接するあたりの山の中なんです。多分、関西圏の人だったらピンとくると思うんですけど、関東圏以北の方だとあまりピンとこないでしょうかね。長沢先生の世代だとわかると思うんですけども、昔、甲子園で池田高校というのがすごく強かったんですけど、その高校の辺りになります。本日いらっしゃるみなさんの中には、生まれていない人もいると思います。

本当に周りが山で、私の実家の前を吉野川という川が流れています。そういったところで生まれました（図表4－1）。父親は久次米医院という外科、内科の保険診療の病院を経営しておりました。いまお話ししたように、四国の山の中ですので川下りとか、大歩危・小歩危峡といった清流がありまして、いまは全国的にラフティングで結構有名になり、観光スポットになっているみたいですね。父親が医者、その前もそうで、親族に結構医者が多くて、生まれてから敷かれた線路を進むように医者になることしか頭になく育ってきました。

小学校6年生までは実家におりまして、中学校1年生から高校3年生まで、勉強させるという親の意向で徳島市内に下宿生活をしておりました。三畳一間で共同風呂、あとは食事が付いていた下宿生活を6年間。その後は石川県にある金沢医科大学に入学しました。

医師として歩み始める

卒業後は四国に帰って、自分の実家の医院と提携している大学病院に入職するというのが使命になりまして、高知医科大学の整形外科に勤務することになりました。そこで3年ぐらい整形外科をやりました。その間に、いま思えば一つの転機ですけども、自分の希望で広島の救急病院に出向することになりました。年中無休で朝の8時から夜の7時まで外来、その後は夜の救急当直。救急車がどんどん来

図表 4-1　久次米医院

るんです。寝られないこともたびたびありますし、寝られなくても、次の日は朝８時から仕事。ゴールデンウイークなどは普通の病院がお休みになりますのでとくに忙しくて、３日、４日ほとんど寝ないこともざらでしたね。こんな生活でしたがすべては患者さまのためと思い、４か月ぐらい頑張りました。

その後はもとの大学病院に戻りました。戻ったんですけれども、患者さまのために朝から晩まで自分の生活を犠牲にしてまで今後もずっと頑張るというのはちょっと無理かな、と感じ始めていました。そのころというのは、自分で言うのも何ですが意外と真面目でピュアな若いお医者さんだったんですね。大学病院に勤務させていただいているありがたい身でありながら、医者を辞めようかな、辞めたら後悔するかな、悔しい思いをするのかな、などいろいろ考え、日々悩んでいる時期でした。

美容外科への転身を考える

しばらく悩みましたが、結局、自分は医者であり続けるべきだ、との思いに至りました。きっかけは同僚が美容外科で勤めていることを知ったことです。自分も美容外科をやってみようかなと。それが27歳ぐらいのときですね。いまから30年以上前の話ですよ。

その当時、美容外科というのは世の中にまだそんなに認知されておらず、いまでこそみなさん美容外科、美容クリニックはご存知だと思うんですけども、そのときは美容外科というのはそれほどメジャーではなかったんですね。

日本全国で美容外科クリニックというのは当時、数十クリニック、多分100はなかったと思いますが、ある美容外科クリニックにお世話になることに決めました。

両親には事前にはほとんど相談しておりませんでしたので、実家に帰って、父親、母親に、もう大学病院は辞める、もう跡も継がない、美容外科医になることに決めた、と突然伝えました。母親は逆上しましたし、父親はだまってムスッとしているだけで何も語らず。その日はそれで終わったんですが、翌日出勤前に父親の顔を見に行ったら一晩で白髪に変わっていたんです。それぐらいショックだったんでしょうね、いま思うと。両親には本当に申し訳ない気持ちでいっぱいでしたが、大学病院を辞め、美容外科クリニックでお世話になることになりました。

当時、私が入職した美容外科クリニックは東京など大都市圏で3院を経営していました。その後も着実に院を増やしていき、医師も院長以下、7人ぐらい在籍していました。美容の手術というのは、二重にするとか、脂肪を抜くとか、胸を大きくするとか、型の決まった手術が多いんですね。だから、やればやるほど技術は向上しますし、一日30人ぐらい手術したこともあります。診察をするのは院長先生、手術を担当するのはその他の医師という分担作業でした。ただ、いろいろありまして、結局、その美容外科クリニックを辞める決断をいたしました。

独立し、共立美容外科を開院

それで結局、じゃあ辞めてどうするか。他の病院に行くか。いまほど美容外科クリニックがない時代ですから、行くところもないし、それだったら自分で開院しましょうかと。当時の知り合いの医師と話し合った結果、4人で新しいクリニックを共同経営という形で開院することにしました。共同経営については家族、友人などからかなり反対されましたが、それでも押し切りました。これが共立美容外科の始まりです。ちなみに名前の由来ですが、みんなで共に立つという意味合いで共立美容外科という名前にいたしました。私が30歳、平成元年2月に開院しました。

夢は大きかったんですが、いざ開院しても患者さまは全然来ませんでした。2月、3月、4月と、ただ時だけが過ぎていきました。

小雨、小雪降る中、外はとても寒いし、患者さまがいらっしゃらなくて毎日胃が痛くなるぐらい悩んだ、というような経験を思い出します。ただ、何か美容外科クリニックでやれる新しいことはないか、新しい技術はないか、患者さまのために何かできないか真剣に考えました。

そこで考えたのが、多分これは世界初だと自分では思っているんですけども、カニューレという、脂肪を吸い出すパイプを工夫すること。昔はとても太かったんです。直径が6～8ミリぐらい。それを3ミリ、2ミリ、1.5ミリとか、すごく細いカニューレを開発しまして（図表4－2）、これを53種類ぐらいつくったんです。これで脂肪吸引をご希望される患者さまの体のご負担がとても楽になったんですね。

あとはこれも世界初なんですけども、カニューレを入れると皮膚がこすれるので、手術の後の傷が汚くなりがちなんです。なので皮膚を保護する器具、これは特許を取ったことがあるんですけども、共立美容のイニシャルをとってKBにしたんですけども、手術の後の傷が目立たなくてとってもよい器具なんです（図表

図表 4-2　カニューレの違い

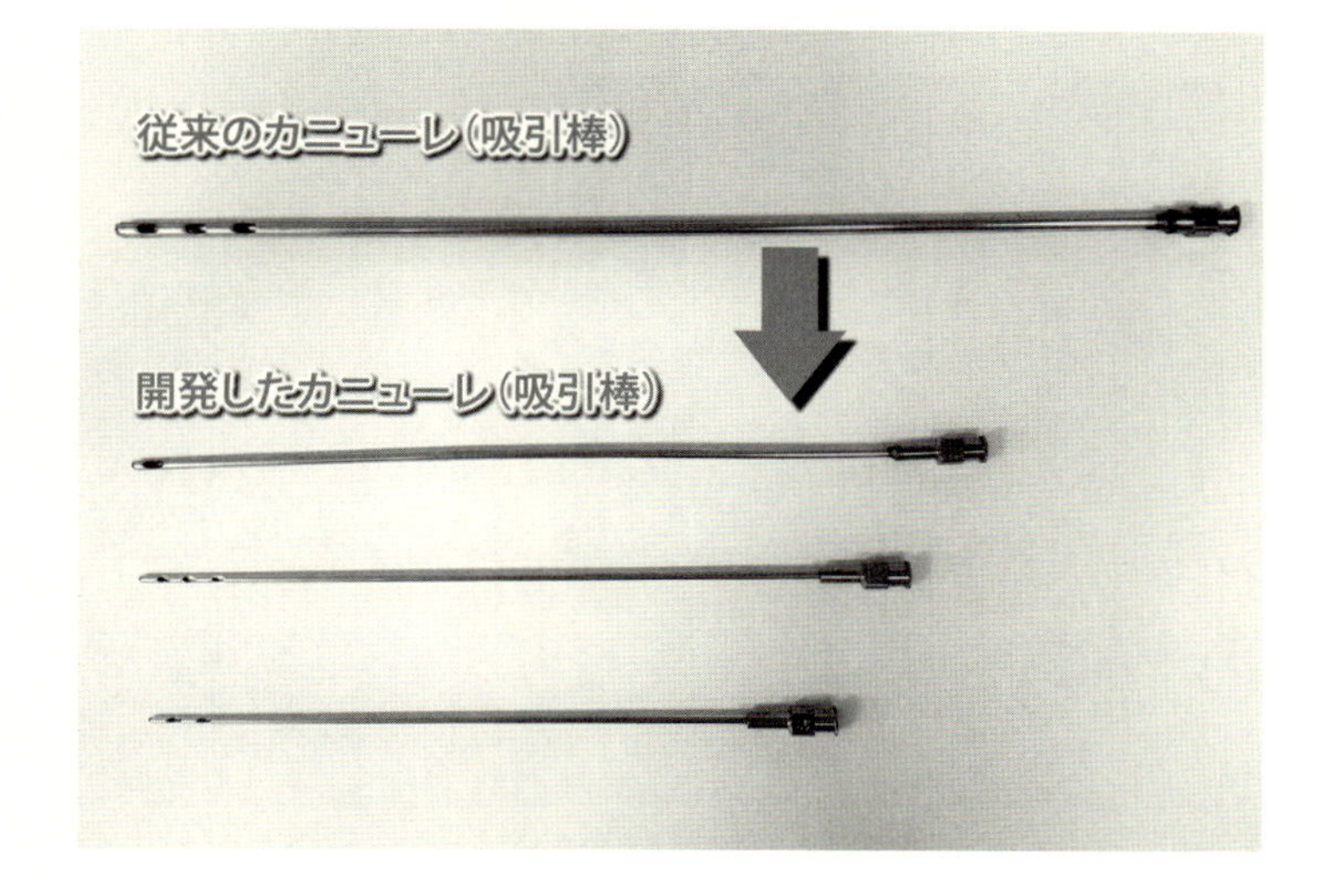

4-3)。このカニューレとKBシースを使用することによって、いままでできなかったふくらはぎとか頬とか、傷の目立つ部分の脂肪を直接取れるようになった、というのが画期的だったと思います。

もう一つは、当時は患者さまに全身麻酔をかけて、入院してもらって脂肪吸引するというのが当たり前だったんですね。これは患者さまにしてみたら大変なことだったんです。それを麻酔だとかいろいろ工夫することで何とか日帰りで脂肪吸引ができないかと。同時に、さきほどお話ししたようにふくらはぎであったり、お尻であったり、いろいろな部位も日帰りでできないかと、そういう脂肪吸引を始めました。これも日本で初めてだと思います。当時、まだまだ患者さまにはいらっしゃっていただけませんでしたが、とにかくクオ

図表 4-3　KB シース

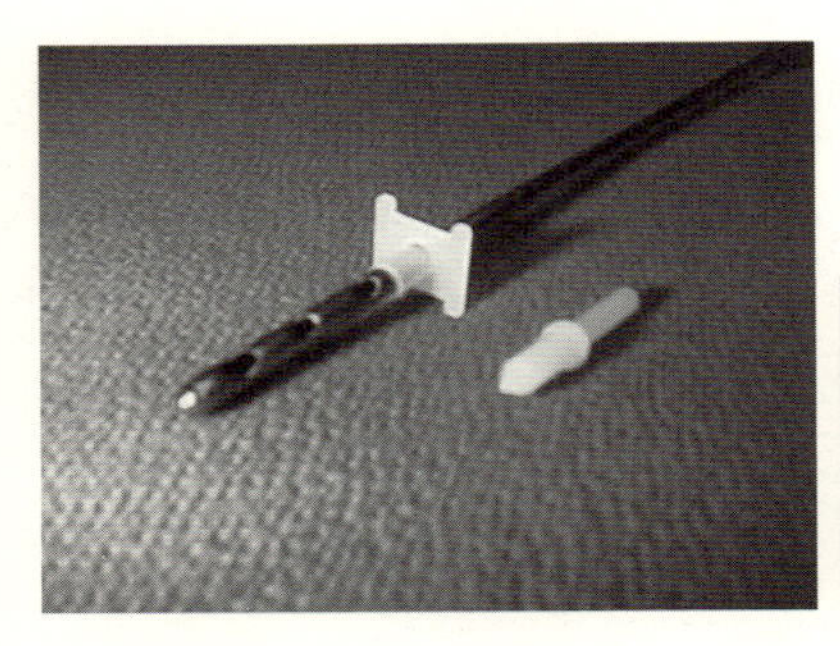

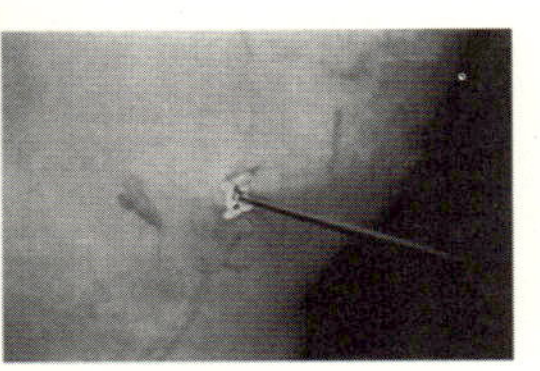

国際特許を取得した、傷跡保護器具KBシース

リティの高い、患者さまの立場に立った美容外科手術を行う、ということをとことん極めることをつねに考えておりました。

患者さま第一主義が実を結ぶ

そうこうしていたある日、私どもの新しい画期的な脂肪吸引のうわさを聞いた芸能人の方からお問い合わせをいただき、実際に脂肪吸引の手術を受けていただきました。とてもご満足いただきまして、週刊誌から取材を受けることになりました。その記事が出たのが5月だったのですが、その週刊誌の記事が出た瞬間から、脂肪吸引の問い合わせが一気に増えました。開院以来3か月、新しい治療方法の開発で悩むこと以外は何もすることがなく、収入面では本当に大変だったんですけど、この一件でやっと一息つくことができました。クリニックは年中無休でやっていましたので、ほとんど休む間もなく仕事をしていましたが、それでも患者さまお一人お一人の美しくなりたいという願いを叶えるために、つねに全力を尽くしてきました。ご来院いただいた多くの患者さまから感謝と応援のお言葉をいただき、高いクオリティの追求、患者さま第一主義は間違っていなかったことを再認識し、患者さまのために何ができるかをもっと真剣に考えようと、みんなで話していたことを思い出します。

おかげさまで翌年、心斎橋に大阪院を開院できましたし、名古屋で開業した同僚たちは金沢に開院し、共立美容外科は4院になりました。

当時はバブル絶頂期で、多くの患者さまにご来院いただきました。世の中は浮かれた時代ではありましたが、そういった雰囲気には流されず、とにかく愚直に真摯に患者さまと向き合う日々でした。

あと、このころフランチャイズ制度をつくりました。フランチャイズを仙台院、高崎院、宇都宮院、大宮院、所沢院、柏院、千葉院、和歌山院、大分院、熊本院と、大体10院ぐらい、いまは7院ぐらいですね、全国に広がりました。4～5年の間に。

いつまでも続くと思われたバブルもそれから2～3年すると崩壊。バブルやバブル崩壊という言葉だけはみなさん知っていると思いますけど、経験していないからわからないでしょうが、本当に大変な時代でしたよ。

ただ、共立美容外科は、当時のある意味で軽佻浮薄な雰囲気に流されず、身の丈に合ったやり方でこつこつと経営していたおかげで、幸いなことにバブル崩壊の影響はほとんど受けることはありませんでした。

そうこうしながら、一応34歳で何とか結婚することができまして、都内の小さなマンションの一室に所帯を持ちました。

患者さま第一主義のさらなる追求

このころからですね、脂肪吸引だけではなく、他の治療であっても患者さまの負担がより少ない、クオリティの高い美容医療技術を開発しようと考えたのは。以前は手術というものは痛かったり、回復までに時間がかかったり、そういった患者さまの身体面、精神面の負担がいまより考慮されていなかった点は否めません。脂肪吸引の次は二重の手術で何か工夫できないかと考えておりました。何とかダウンタイムを少なく、できるだけ痛くない、そういう二重がやれないのかなと。腫れない、痛くない二重というのを。こういう言葉をつくったのも共立美容外科です。

いろいろ研究しながら、工夫もしつつ、とにかく患者さまのことだけを考えて、どうすればよりよい美容医療を提供することができるのか、以前にも増してとことん突き詰めて考えておりました。それが自分の医師としての存在意義だと思っておりましたので。

美容外科市場の変化

1994年ごろから、多店舗の美容外科クリニックというのが、ぽつぽつと出てきました。経費をかけて全国に広告を大量に出稿し、患者さまを集めるという経営モデルです。

広告スタイルはアナログで、ほとんどが全国雑誌でした。あとはチラシが一部ありましたが、いまあるようなフリーペーパーとかそういうのはなく、とにもかくにも全国誌でした。

このころ私どもは雑誌の広告をメインとしつつも、同時にテレビのCMもやり始めました、20年ぐらい前ですけども。

あと、2003年ごろに大きな動きがありました。低料金クリニックの出現です。例えば二重の手術を私たちが提示している何分の一かの料金で提供するんですね。あと、美容皮膚科が台頭してきたのもこのころです。これらの要因として一番大きいのは、広告媒体のアナログからデジタルへの移行、とくにインターネットですね。こういった広告媒体の変化により低料金クリニックが台頭してきたわけです。

くり返しになりますが、一番のポイントはアナログ媒体からインターネットなどのデジタル媒体へのチェンジ。これで美容業界はすごく変わったと思います。われわれも当時苦労したのは、アナログ、週刊誌、テレビ、そういうのに慣れていましたので、デジタルメディアに広告をチェンジするのには苦慮しました。頭も固くなっており、アナログメディアを信じてずっとやっていましたので、多少レスポンスが悪くても苦労してでも、まっしぐらに、アナログメディアで広告をやってきたわけです。

ただし、媒体の変化に対応できない状況がずっと続くと、その先にあるのは経営難です。全国展開して好調だったクリニックがインターネットの波に乗れずに数軒なくなりましたね。広告手法の変化について行けず、それでもこれまでのアナログ広告メインのやり方に固執し続け、結果的に経営難に陥ってしまうと。この時期は柔軟性がとても大切だったんです。うまくやっているクリニックを遠目に見ながら、何とか共立美容外科を維持していく。そういう状況がしばらく続いたような記憶があります。

共同経営の終わり

私個人の一つの転機なんですけども、共同経営していた友人と10年前に別れることになったんです。共同経営者のクリニックを私が買い取ることにしまして、共同経営という形態から脱却し、ついに独り立ちすることになりました。共同経営も最初はいいのですが、景気が悪い時代を経験しますと経営者間でだんだん見解が相違してきます。意思決定に時間がかかるし、質も低下してくる。精神的にもよろしくないですし、何より患者さまにご迷惑がかかるようなことだけは絶対に避けたかったのです。ずっと一緒にやってきた仲間と離れるのは本当につらい決断でしたが、断腸の思いで別れることを選択しました。

独り立ちするにあたって考えていたのは柔軟性という言葉の大切さです。世の中が激しく変化する時代では、できるだけ柔軟性をもってことにあたる必要があります。

今後は重要な事項は自分ひとりで判断することになりますから、人のアドバイスを聞きながら、素直に、前向きに、柔軟に、ということを毎日自分に言い聞かせておりました。

共立美容外科の新たな潮流

頭が固くなっていた私がアナログ媒体からデジタル媒体にシフトするというのはとても勇気がいったんですね。いかに広告代理店さんがデジタル広告はいいよと言っても、それに変えると認知度は下がってしまうんじゃないのかなと心配になったり。それでいまでも雑誌への広告出稿は継続しています。

それともう一つは、患者さま第一主義の再徹底です。いままでやっていなかった新しい治療も、患者さまのご満足のためにはどんどん取り入れる。そしてさらにクオリティを高める。また、治療の技術面のみならず、患者さまへの接遇も徹底的に改善する。いまはホスピタリティという言葉をいろんなところで耳にしますが、私は当時からホスピタリティというのは本当に大切にしてきておりました。

みなさまのおかげで共立美容外科は２０１８年に30周年を迎えることができましたが、これまでお話ししてきましたように、決して順風満帆で来たわけではありません。本当につらい思いを何度も経験してきましたが、それでもここまでこれたのは自分の信念を貫いてきた結果だと思います。くり返しになってしまいますが、とにかく患者さま第一主義ですね。自由診療ですから、もっともうけることを優先することもできるわけですが、それは私の信念に反します。つねに謙虚であることが大切なんですね、こつこつですね。私、大好きな言葉なんです、こつこつやるというのが。

美容外科業界に足を踏み入れて以降、「どうすることが患者さまにとってベストなのか」ということをずっと考えてきましたし、これからもそうあり続けたいと思っております。

世のため人のために尽くすために共立美容外科は存在しております。

おかげさまで第１０７回 日本美容外科学会 学会長に選任されました。共立美容外科のことはもちろん、業界全体のためにこれからも尽力していきたいと思います。

みなさんもこのご時世ですから、柔軟性をもって、急上昇を目指すのではなく、こつこつと少しずつでも前に進んでください。

どうもご拝聴ありがとうございました。（拍手）

共立美容外科・歯科のブランド戦略

【司会（長沢）】　久次米院長、ありがとうございました。それでは続いて、共立美容外科・歯科のブランド戦略について、島崎理事と和田部長よりお話いただきます。

【和田】　島崎さんは中学、高校、大学、そしてＷＢＳと、計12年間を早稲田で学んでおります。もともとは広告代理店でプランナーとして活躍し、多くのクライアントから信頼を得ておりました。

その後に共立美容外科に入職、現在は共立美容外科の幅広い業務領域を担当しております。本日は主にマーケティングや戦略策定の観点からお話しさせていただきたいと思います。

【司会（長沢）】　和田さんも自己紹介してください。

【和田】　私もＷＢＳのＯＢです。卒業は２０１５年ですね。もともと金融機関に勤務しておりましたけれども、２０１６年から縁があって共立美容外科に入職しておりまして、人事や現場のオペレーション改善、マーケティング業務に携わっております。また共立美容外科での業務のかたわら、長沢教授のご指導のもとで、大学院商学研究科博士課程で博士号を取得するために、主にラグジュアリー領域のマーケティング研究にいそしんでいます。

【島崎】　本日は共立美容外科の戦略についてお話しさせていただきますが、その前提となる戦略論や、美容外科市場の概観やその特性についても触れながら、進めさせていただきたいと思います。

僕もみなさんと同じ早稲田大学ビジネススクールの卒業生になります。

本日は、私が早稲田大学ビジネススクールで学んだことをどのように仕事に活かしているかお話ししたいと思います。

まず、私が勤務している共立美容外科ですが、２０１８年でちょうど30周年になります。１９８９年に開院したので、最初の12年は20世紀後半、そして後半の18年は21世紀前半の時代を生き抜いてきました。

この時代、どのようなことが起こったか。

早稲田大学ビジネススクールの平野正雄先生が TEDxUTokyo の講演で話されている内容を引用し、参考にしながらお話しいたします。

（引用：Leadership vs Management | Masao Hirano | TEDxUTokyo）

（https://www.youtube.com/watch?v=jTHGqmznr68）

平野正雄先生は、この20世紀後半から21世紀前半にかけて大きな変化が三つ起きたと述べています。

一つめはGlobalizationで、二つめはMarketization、そしてDigitalizationということになります。この三つの要素が、同時に起こったことで、企業を取り巻く環境が大きく変化することになったんですね。

共立美容外科はこの大きな変革の時代に生まれ、そして大きな変革の中を生き抜いてきました。私自身、共立美容外科でマーケティングや戦略などを担当しているんですが、その中で大事にしていることは、「変化に対応すること」です。

共立美容外科に入職した職員一人一人が幸せになってもらいたいと思ってます。そしてその職員には家族もいます。職員が転職を検討することで家族の生活に不安を与えるようなことはさせたくありません。そのため私自身は共立美容外科が職員に対して終身雇用を提供できる組織にしたいと思っております。そのためには、共立美容外科は長期的に存続していく必要があるんです。

ハーバート・スペンサーが『The Principles of Biology』で「the survival of the fittest（適者生存）」という言葉を残しました。今日ではチャールズ・ダーウィン［Charles Darwin］が言ったのか定かではありませんが、「強い者が生き延びたのではない。変化に適応したものが生き延びたのだ」という言葉もあるように、職員に対し終身雇用を提供するのであれば、共立美容外科は「生き残るためにはどうすればよいいか」と考えていかなければいけないんですね。

平野先生がおっしゃっていた、20世紀後半から21世紀前半に起こった大きな変革ですが、これは世界規模でだけ起こったことではなく、美容外科業界という小さな業界にも当てはめることができます。

平野先生の説明によるとGlobalizationは、世界規模で見ると1989年のベルリンの壁崩壊あたりまでは先進国の5億人の経済クラブがグローバル経済のほとんどでした。しかしながらベルリンの壁崩壊後は、20億人、40億人という新たな市場が加わっていきました。新たな市場が加わるということは企業にとって新たな競合やプレーヤーが増えるということです。

この点を美容外科市場に当てはめると、1980年代までは美容外科は基本的に一人の医者が開業すると一つのクリニックを運営するに過ぎませんでしたが、1990年代になると、「チェーンクリニック」という形態が台頭し、30店舗、40店舗を運営する美容外科クリニックが出てきました。

チェーンクリニックが台頭する前の個人の開業医は、クリニックを利用する患者さまを近隣地域の住民だけと想定していたのですが、チェーンクリニックは、東京に本部を置きつつ、北は北海道から南は沖縄まで日本中の方々を見込みの患者さまとして考えるようになりました。美容外科は自由診療のため、一般的な企業と同じように、同業他社に対して「競合」という概念があります。東京に本部を置きつつ、北海道のクリニックだったり、大阪のクリニックだったり、福岡のクリニックを競合と想定するなど、日本国内をグローバルとして扱う視点が生まれました。

次にMarketizationですが、平野先生は、20世紀後半から21世紀前半にかけて、資本市場が急膨張したと話しています。世界の一日の為替取引額が多い時には、日本の一年のGDPを超える場合もあります。

この点を美容外科市場に当てはめてみます。美容外科と聞くと、手術を連想される方が多いと思いますが、美容外科市場は21世紀に入ったあたりから、手術よりヒアルロン酸の注入やシワを取る注射、医療レーザー脱毛など定期的に通う診療メニューが増えてきました。手術は一回で終わりますが、注射や脱毛は定期的に受けるメニューのため、患者さまが美容外科を受診する回数が増えたんですね。また、20世紀後半から徐々に美容外科は市民権を獲得しはじめ、受診する方も急激に増えてきました。

このように美容外科市場も20世紀後半から21世紀前半にかけて急膨張してきました。

そして、平野先生は資本市場のインパクトとして、企業に値段がつき、事業の売買が盛んになったとも話しています。

美容外科市場もこの資本市場のインパクトの余波を受け、美容外科クリニック自体に値段が付くようになりました。

多くの美容外科は基本的に一人の医師が一つのクリニックを開業して運営を行っています。医師自らがオーナーとなり経営も行う、所有と経営が一致していることがほとんどです。しかしながら最近では、一般企業が美容外科クリニックの事業を一つのビジネスチャンスととらえ、一般企業が美容外科を所有して、経営を医師が行うなど、所有と経営が分離するパターンも徐々に増えてきています。21世紀に入ってからは美容外科クリニックのM&Aを専門として扱う仲介会社も出てきました。それらの仲介企業は、美容外科クリニックの事業を投資として考えているんですね。

美容外科クリニックを投資先にしているというと聞こえは悪いかもしれませんが、経営にプロが入ることで、患者さまのニーズに沿った美容医療をしっかり提供できるチャンスにもなります。

三つめはDigitalizationです。平野先生はこのようにおっしゃっています。1980年ごろにパソコンが生まれ、そこからMacintoshやWindowsが生まれ、インターネットが台頭し、グーグルが生まれ、3G、ワイヤレス、そしてフェイスブックが誕生しました。この短期間に、ITの革新など、大きな変化が生まれました。

美容外科市場もDigitalizationの変革の影響を大きく受けています。美容外科クリニックは会社法でいうところの「会社」ではないので、財務諸表は公開されていません。一般的な美容外科クリニックがどのような損益計算書になっているか正確にはわかりませんけれども、おそらく、一般的な美容外科クリニックの損益計算書の費用の項目で大きい比重を占めるのは、「広告費」ではないかと思います。

一般的な美容外科クリニックのビジネスモデルは患者さまを集患し、サービスの対価をいただくというシンプルなビジネスモデルです。どのクリニックも一般的な企業でいう営業マンといわれる職種がないので、「広告」を出して、消費者とコミュニケーションをとり集患しています。美容外科クリニックはサービス産業なのでほとんど在庫を抱えないため、広告費が損益計算書の費用項目で比重を占めていくのです。

電通が以前発表していましたが、21世紀に入り、インターネット広告の出稿量が広告業界全体で増えてきました。それによって広告の出し方も大きく変わってきました。美容外科市場もテレビＣＭや新聞、雑誌、ラジオといった四媒体からインターネット広告にシフトしていきました。昨今ではソーシャルメディアが普及したため、ブログやフェイスブック、Youtubeなど、費用を掛けないで広告を出せるようになりました。広告費を掛けないで広告ができるので、新たに開業する美容外科医師にとっては、いままでより集患しやすい時代になってきています。

このように、大きな変革の時代に共立美容外科は生まれ、そして変化に対応してきました。

「変化に対応する」と簡単に言っても、なかなか対応できない場合の方が多いと思います。

世界の株式時価総額ランキングを見てみると、１９８９年には日本企業はＴＯＰ20の半数を占めていましたが、２０１８年現在、ＴＯＰ20に日本企業の名前は入っていません。それほど、変化に対応するのは難しいのかもしれません。１９８９年当時はまだ、株主価値経営といった言葉はなかったと思いますが、いまは株主に配慮しながら経営を行っている上場企業がほとんどではないかと思います。

１９８９年当時は所有と経営の分離がいまほど強くなかったと思います。２０１８年現在は所有と経営が分離している企業が多いので意思決定が遅く、変化に対応しづらくなってきているのではないでしょうか。

美容外科クリニックの場合、所有と経営が一致しているクリニックがほとんどです。企業や機関投資家が美容外科クリニックを所有する形態も出てきましたが、ほとんどの場合、創業者の医師が所有し、運営も行っています。美容外科クリニックはチェーンクリニックも含め、ファミリー企業、つまり同族経営がほとんどです。そのため、一般的な企業に比べ意思決定が早く、変化に対応しやすいのではないでしょうか。

しかしながら、美容外科クリニックの中には変化に対応できないクリニックもあるように思います。なぜ対応できないのか。これも平野先生の言葉を使いながら整理してみようと思います。

平野先生は、組織の変化が難しい点について三つの言葉を挙げています。一つめはBrain Stop、二つめはPath Dependence、三つめはComplexityです。

まず、Brain Stopですが、思考停止、変化に気づくことがない状態です。そして中には変化を無視してしまうこともあります。典型的なパターンが成功体験だそうです。

この成功体験は、美容外科クリニックの場合、所有と経営が一致しているので、ワンマン経営になりやすく、オーナーに成功体験があるとそれにしがみついてしまって、従業員が変化に気づいていてもオーナーに意見を言いづらくなってしまいます。

そうなると、オーナーを含む意思決定者に意見が言えず、内向きな組織になり、結果的に変化に対応できなくなってしまうんですね。

この点、共立美容外科のオーナーでありCEO兼総括院長の久次米は、成功体験にしがみつかずに柔軟に従業員の意見を取り入れる姿勢で経営しています。この柔軟性が、この変化の時代に共立美容外科が生き延びてきた一つの理由だと思っています。

二つめはPath Dependenceです。Path Dependenceは自分が学んだ技術や知識で解決することと平野先生はおっしゃっています。スキルの欠落、つまり新しい変化に対応できない状態です。変化がわかっていても対応できる能力がないということですね。

この点、久次米は、つねにいまと同じ状況が続かないと考えています。とにかく新しいことをやっていこうという発想で運営してますし、次に起こりうる変化をある程度予想してポートフォリオを組んでいます。そのため、変化に対応できる能力がないとしても、変化に対応するための「準備」をしているので、結果として変化に対応しやすい組織になっています。

三つめはComplexityです。平野先生は「しがらみ」とおっしゃっています。成功している企業であればあるほど、利益共同体的な性格があります。変化に対応するためにあることをしようとすると、それにより不利益になってしまうのではないかと考える従業員や取引先が障壁となり、行動に移せなくなってしまう状態のことですね。

私は、意思決定機関に席を置いておりますが、リーダーではありません。私が戦略を考え、オペレーティングをしようとすると賛否両論が沸き上がります。でも賛否が起こるのは仕方ないことだと思います。それぞれ立場は違うし、情報量も違うので、その差異がどうしても賛否を生んでしまうわけなんですね。

変化に対応しようと思っても、組織を動かすことができず、対応できない場合があります。変化に対応するために組織を動かすことができるのはリーダーだけだと思っています。変化に対応するために最終的な決断をするのは私のようなマネージャーではなく、リーダーになります。マネージャーは組織を動かせませんが、リーダーなら障壁を破り組織を動かせます。共立美容外科のリーダーはオーナーの久次米ですが、久次米は変化に対応するために決断するリーダーシップを備えていると、私はそばで見ていて思っております。

変化に対応するには、変化に気づき、それに対応するリーダーシップがどうしても必要です。美容外科クリニックのように、株主が存在せず、所有と経営が一致している組織は、変化を素直に受け入れ、それに対応するリーダーシップがあれば環境に適応しやすくなるのではないでしょうか。

私の話は以上となりますが、何か少しでもみなさまのお役に立てる部分があれば幸いです。ご清聴ありがとうございました。(拍手)

【司会(長沢)】 じゃあ、和田さん、何か補足があれば。

【和田】 和田と申します。ここまでは共立美容外科の戦略の話でしたが、私は現場のオペレーションを担当してるんですね。どれだけ戦略を立てて広告費をかけて患者さまをお呼びしても、現場のオペレーションがうまくいかないことには患者さまからはご満足いただけません。これはみなさんご存知のマーケティングの４Ｐだけでは完結しません。４Ｐってわかりますよね。なんでしたっけ？

【受講者（前田）】 Productと、Placeと、Priceと、Promotion。

【和田】 はい、そうですね。私どもは美容外科クリニックですが、同時にサービス提供業者であるとも考えております。ですからサービスマーケティングの７Ｐの世界で勝負してます。Ｐがあと三つありますよね。まずはPersonnelとPhysical Evidence。Personnelっていうのは人ですよね。どんなに４Ｐがフィットしていても、患者さまのご対応にかかわるスタッフがダメだとうまくいかないんです。どんなに患者さまに来ていただいても、対応が悪くてご不快な思いをさせてしまいますと、もう二度と来たくない、ということになりますから。なので、受付や医師、看護師など、すべてのスタッフの意識付けというのがとっても大切です。それから、次のPhysical Evidenceっていうのは、例えば店構えとか、内装デザインや導線などのことですね。わかりづらい場所にあって、やっと探して入ってみたら清掃が行き届いていない、あまりセンスが感じられない、などと思われたら患者さまには不信感が芽生えて、やっぱり選んでいただけないですね。ご来院いただいて、その後どう対応するかっていうことのオペレーションも含めてやっていくことがサービス業にとってはすごく大切な話なんです。

あと、もう一つ残ってるのがProcessですね。ご来院からお帰りいただくまで、この一連のプロセスをいかに患者さまに違和感なく、ご負担をお掛けすることなく設計するか、ということが大切なんです。予約しているのに待たされたとか、他のサービス業でもよくありがちですが、こんなことはあってはならないんです。サービス業は最後の三つのPの部分、ここにどれだけ患者さまのことを思って心を込めて対応できるかが重要なんですね。三つのPでどういう経験をしてもらうかと、どれだけ感動してもらうかっていうことがキーサクセスファクターになりますよ、ということなんですね。

サービス業の方っていらっしゃいましたっけ。どうですか、話聞いて。

【受講者（前田）】　前田です。ホテル業をやっておりますので、まさにおっしゃるとおりだなと思いました。やっぱり何か一つ粗相があると、すべてゼロどころかマイナスになってしまうので、自分のところも改めて見直したいと思います。

【和田】　私どももまだまだなんですが、そういう細部に至るまで徹底的に意識して気を配ってオペレーショナルエクセレンスを目指して日々努力をしています。われわれはラグジュアリー化、つまり比較級の世界から脱却することにこだわって、信念を持って、徹底的に、細かいところも含めて日々一生懸命やっているというのが共立美容外科なんです。ご来院いただいた患者さまに対してわれわれはどういう思いでもって経験価値を提供させていただいているのかということを、補足させていただきました。（拍手）

質疑応答

【司会（長沢）】　ありがとうございました。じゃあ早速、久次米ＣＥＯに質問。お名前を言ってからお願いします。

【質問者１（二宮）】　二宮と申します。本日はお話ありがとうございました。共立さんならではの、例えば医療機器のカニューレだったり、腫れない二重の手術だったり、すごく新しいことをどんどん生みだしていらっしゃるのだなと思ったのですが、そういうイノベーションの気質はどんなふうに育まれてきたり、またどんなふうに人材を育成されてこられたのでしょうか。

【久次米】　イノベーションは、追い込まれてですかね。人間、ぼーっとしていると考えないから。苦労するといろいろ前向きに考えますかね。私はそう思っていますし、諦めないというのも大事かな。

それと、人材の育成はすごく難しいですね。子どもに「勉強しろ、勉強しろ」と言うのと同じで、いくら言ってもなかなか伝わらない部分もあるし。伸びる子というのは素質があると思います。人材育成というのは協力はできるけども、その後は自分の努力ですかね。

【質問者１（二宮）】　ありがとうございます。そうなると、ますます病院が乱立していく中で、医師の獲得がすごく難しいのではないかと思うのですが、その辺はどんなふうに工夫されているんですか。

【久次米】 美容外科クリニックというのは、30年前だと数十軒であったのが、いまは多分3000軒ぐらいあると思うんです。いま、若い医師、医師は24歳でなって2年間の研修があるんです。昔でいうインターン制度なんですけど、それが終わったら何科でも行けます。いまの若い医師は3Kじゃないけど汚い、つらいとか、そういうのは嫌がるんです。結構そういう医師がこの業界には入ってくるんです。良し悪しなんですけどね。意外と医師の確保というのは昔よりやりやすいかもしれません。それも過当競争ではありますけども。

【質問者1（二宮）】 ありがとうございます。

【司会（長沢）】 ありがとうございました。いま医師の話がありましたが、その関連で、スタッフの方が占める役割、スタッフの方の人材育成はどういうふうにされるのでしょうか。

【久次米】 スタッフの人材育成は、私どもは大体、上の者が教えていく形ですかね。セミナーを開いたりしているところもあるんですけど、私どもの医院は、各自の考えで動かせる形です。兵隊のように右向け、こうやりなさい、というようなスタイルではないですね。ただし、患者さま第一主義だけは絶対に外さないように、そこだけは厳守してもらっています。

【司会（長沢）】 例えば、入院される方もいらっしゃるわけですよね、患者さまで。そういう方にしょっちゅう接するのは、むしろスタッフの方になると思います。そうすると、例えば共立さんは医師はいいのだけど、スタッフの人がつっけんどんだとか、そんなこともありうるんじゃないかと。

【久次米】 そういったことはありうると思います。その辺は極力指導するようにしています。昔のお医者さんは上から目線ですよね。いまはクリニックが多い分、選ばれる側なので、できるだけ患者さま第一主義のもとで、そういう指導はスタッフを含めてきちんとやっています。

【司会（長沢）】 ありがとうございました。ほか、いかがでしょうか。いっぱい手が挙がった。じゃあ前のほうから。

【質問者2（松本）】 松本といいます。ありがとうございました。先生は美容外科の業界の黎明期から参画されていると思うのですけれども、日本美容外科学会の社会的認知度を高めていく上で、どういう工夫をされていたのでしょうか。市場を大きくするにはどうしても認知度、社会的なポジションを上げていくのが大事かなと思ったので、質問させていただきました。

【久次米】 美容外科としては学会も30年少々で、まだ世の中の認知度を上げようとかではなくて、自分のことは自分で、という感じが強いと思います。ただ、この5年ぐらい学会を見ていると、若い先生の医療上の向上心は随分上がっているような気がします。

【質問者2（松本）】 わかりました。同じ学会のことなのですけれども、美容皮膚科学会と競合関係になるかと思うのですけれども、どういう立ち位置、ポジショニングをずらしていらっしゃるんでしょうか。

【久次米】 あまり競合というふうには、美容外科学会も美容皮膚科学会も考えていないいんじゃないいですかね。逆に、オーバーラップしているところは、お互い一緒に頑張りませんかというほうが強いと思いますけど。

【質問者2（松本）】　両方の学会に入っていらっしゃる先生もいらっしゃるのでしょうか。

【久次米】　大体、外科系の先生は美容外科学会で、皮膚科育ちの先生、大学の皮膚科から上がってきている先生は皮膚科学会のほうが多いのではないでしょうか。

【質問者2（松本）】　わかりました。ありがとうございます。

【質問者3（山畑）】　山畑と申します。今日はありがとうございました。私、テレビ局なので、いまも大変お世話になっております（笑）。

ご講演の中にもあったとおり、クライアントの名前がここ5年でもかなり変わってきているなと。正直、聞いたこともないようなクリニックさんとかが結構出てきていると。そういった中で、昔からある御社とか老舗さんとの差別化というのをどういうふうに図っているのかというのがすごく気になっています。広告以外でも何かされていることとか、どういうふうに需要価値を高めて他と差別化しているかとか、そういったことがあればお教えいただけたらと思います。

【久次米】　実に難しいですね。理想で言うとそこなんですけど、差別化という。なかなか差別化ができないところが苦慮しています。まっとうにやればやるほど病院経営がうまくいかないというのが、この美容外科業界なんです。無茶すれば伸びるのかもしれませんが、我々は良心的なスタンスを貫きます。ただ、そこまでわかっていらっしゃらない患者さまがいらっしゃるのはすごく悔しくはあります。長年やってきて。

【質問者3（山畑）】　ありがとうございます。

【質問者4（城戸崎）】　城戸崎と申します。貴重な講演をありがとうございました。かなり導入期からの苦労が背景として見えたので、非常に感情移入しながら聞くことができました。フランチャイズ化について、暖簾（のれん）分けをする基準、医師の基準、この人にだったら任せられるという基準とかが実際あるのか教えてください。

【久次米】　そこも難しいんですけども、大体うちで育った先生に、何年か一緒に仕事をしてとか、倒産したクリニックから来ている先生もいますし。この業界は結構狭いので、意外と情報が入ってきます。その先生の才覚、腕とか。いろいろ聞いて、これだったら大丈夫かなと。中にはちょっと失敗したなということもあります。

【質問者4（城戸崎）】　じゃあ基本的に、昨日今日に知り合った人とかではなく…

【久次米】　それはないです。

【質問者4（城戸崎）】　あと、全国に展開していくときに、どの都道府県に開院するかとか当然マーケットリサーチされると思うのですけれども、その何か大きな判断基準ってあったりするんですか。

【久次米】　やっぱり人口密度ですかね。私たちがやってきたのは、人口に比例して大都市圏が多いです。ただ、ある美容外科チェーンの場合であれば、私たちが出さないところに出していくというようなところもありますけど。

【質問者4（城戸崎）】　やはり大分なんて、まさにその典型であったりするんですか。人口比率で言うと。

【久次米】　大分は元はフランチャイズだったんですけど、医師が60歳ぐらいになってリタイアしたいと言うので、直営にしたんです。

【質問者4（城戸崎）】　ありがとうございます。よくわかりました。

【質問者5（内田）】　長沢ゼミの卒業生の内田と申します。今日はありがとうございました。

長くこの業界でお仕事をされていらっしゃるので、お客さまと言っていいのか、患者さまと言うべきなのかわからないのですけれど、対象の方の変化というのはあるかということと、お悩みの種類の変化というのはありますかということを伺いたいのと、今後、どういった方のどういったご希望が増えていくだろうという予測はお持ちですか。

【久次米】　これも難しいですね。美に対してのニーズですかね。二重とかは低年齢になっていますし、高齢であれば70代、80代、男性もいま増えています。人それぞれ、美しい、若くなりたいというのは切りがないので、メニューとしてはそんなには変わっていないような気がします。ただ、治療法に関してはグレードがだんだん上がってきていると思います。

【司会（長沢）】　それでちょっと質問を。診察は久次米さんが自らやると、この間伺ったときにそういうお話がありました。例えば患者さまが二重瞼にしてほしいと指定してくる場合でも、やはり診察はされると。

【久次米】　もちろんです。

【司会（長沢）】　それはどうしてでしょうか。例えば二重瞼でも、こういう希望の人にはこういう二重、こういう希望の人にはこっちの二重とか、何か術式が変わるという意味でしょうか。

【久次米】　それもあります。この業種というのは、患者さまをいかに満足させられるかというのが大事になりますし、だから事前の打ち合わせの重要性というのは、多分、手術結果の半分以上を占めると思います。それをおろそかにしていると、結果に対する満足度に大きな影響を与えかねません。だから、うちのスタイルとしては医師が、診察時間を長く使って患者さまときちんと対話することをルールとしています。

【司会（長沢）】　それはものすごく良心的と思う反面、大変じゃないかなと。

【久次米】　おっしゃるとおりです。すごく大変です。でもこのスタイルはいまも崩しておりません。それを崩すと医師が病院を辞めちゃいますね。

【司会（長沢）】　医師が辞めちゃう。

【久次米】　スタッフも商売に徹するというのではついてこないんです。

【司会（長沢）】ということは、単に商売以上のものも大事ということですね。

【久次米】そういうつもりでやってきたんですけど、早稲田大学ビジネススクール卒業の島崎さんとか和田さんの話を聞くと、やっぱりビジネスモデルもチェンジしなければとも思います。しかし、スタッフの心を変えるのはなかなか難しいですね。そこは苦慮しています。

【司会（長沢）】患者さまは単に美しくなりたいですと言って来るよりは、脂肪を吸引してほしいとか、わりと術式を指定したり、やることを決めたりしてくる人が多いのでは。

【久次米】私どもの医院はそのほうが多いですね。でも、何となくきれいになりたいということでクリニックの門をたたく方もいらっしゃると思うんです。ただ、先生がおっしゃるように最近は要望が明確で各論で来る人が、例えば脂肪を取りたいとか目を二重にしたいとか、そういう要望のほうが多いです。

【司会（長沢）】それはどうして。

【久次米】広告スタイルにもよるんでしょうか。メディア的な部分で、ＰＲというか。それが要因のような感じがします。

【司会（長沢）】この間、最近、男性の脱毛も増えてきたというので、私の髭について訊いたら髭が白くて機会が反応しないから駄目ですって。手遅れらしいのですね（笑）。

【久次米】そうですね（笑）。私、していますから、随分楽なんです、本当に。前は朝晩、剃っていたんですけど、それがなくなるだけでもストレスが取れますし。

【司会（長沢）】 男性が増えてきたというのは、実感として、ここ3年、5年、10年、どんなスパンでしょうか。

【久次米】 やっぱり10年ぐらいだと思います、本当に。

【司会（長沢）】 意外で面白いですね。面白いと言ったら不謹慎でしょうか。

【久次米】 先生が突然二重になったら、これでやっていけるかなってなりますけど、女性の人はぱっと変われば、やった！という感覚は女性が強いと思います。

【司会（長沢）】 そういう意味では、やはり夢とか希望を届ける仕事ですね。

【久次米】 それはそうなっていただければありがたいですね、本当に。やりがいも出ますし。

【質問者6（野見山）】 野見山と申します。今日は貴重なお話ありがとうございました。

私はいま、女性の管理職を活用したりプランニングする、研修とコンサルティングの会社をやっています。その観点でブランディングというのは女性にとって重要なものだと思っています。いまお話を伺っていて、限られた紙媒体の広告スペースだったり、テレビで美川憲一さんの声を採用されていたり、日本で初めての技術というような、いろいろな切り口の魅力が共立さんにはおありかなと思ったんですけれども、広告を打つ上でそれらのイメージだったり、新しさだったり、ネームバリューとか、ブランディングとして大事にしているのは何ですかという点と、創業当初から時代が変化していって競合が増えていく中で、そのブランディングの考え方は変わってきているものなのかどうかを教えていただけますか。

【久次米】　これもすごく難しいですね。奥が深いというか。ブランディングというのは、私個人が一番強く関心を持っていることですね。できるだけまっとうにやりたいと、そこが自分の思うブランドかなとは思っています。それ以上のブランド価値を上げていくというのは、やってきたことをさらにまっとうにやっていくことがブランド価値の向上につながるのかなと。あとは新しいことを取り入れながら柔軟に変化していかないと、ブランド力は落ちていくのかなとも思っています。

【質問者6（野見山）】　ありがとうございます。

【質問者7（杉本）】　杉本と申します。貴重な話ありがとうございました。

いまの質問に関連して、なかなかサービスでブランドらしさを出すということは難しいと思うのですけれども、さきほど、まっとうさというのがブランドの価値だとおっしゃったと思いますが、それが伝わっていると思われているのかということと、それを伝えることは可能なのかというところに興味があるんですけれども、お聞かせいただければと思います。

【久次米】　いいご質問だと思います。なかなか伝わっていないと思います。悲しいです、本当に。この業界はそういうところで、広告競争に勝っていくというのが重要になってしまっている。経験を十分に積んだ、本当に技術に熟達した医師がうちはたくさんいるんですが、なかなかそこが患者さまに立は景気が良くないとかかもしれません。恥ずかしいことですけど。

でもやっぱり、やってきたことを、そこを崩すと何か違うかなと。それはさっき先生にお話ししたように、そこを崩すとスタッフが離れるというのが。

【質問者7（杉本）】 バランスというか、コアを変えたくないと思っているところがとても強いと思うんですけれども、そこを崩してまで規模を拡大するとか、そういったことは考えていらっしゃらないと…

【久次米】 やり方、方針というのは変えられないんです。なので規模は自分たちのできる範囲内ということになります。ただ、それでも、やっぱりその中で、こつこつと少しは伸ばしていこうとは思っています。

【質問者7（杉本）】 ありがとうございます。

【司会（長沢）】 話は変わって、韓国へ私どもがビジネススクールの営業に行ったときに、早稲田大学ビジネススクールの修了生で韓国人のＯＧが教えてくれたのですが、韓国は美容整形大国であると。もはや韓国の医院は二重専門、こちらは脂肪吸引専門とか、かなり美容整形もパーツごとに専門が分かれて開業しているなんていうのを聞いて、美容大国すごいなと。日本ではそうなる可能性はあるのでしょうか。

【久次米】　日本もそろそろそういうふうになってきているような気がします。まだそこまでセパレートはされていませんけど、一部そういうのはあります。とくに大きな手術ですね、骨を切ったり。誰でもできないので、そこでしかやらないというのはあります。

【司会（長沢）】　韓国へ旅行に行って、帰ってくるとプチ整形しているなんていうのが時々話題になりますけれども、それはあまりそういう事実が伝わっていないということになりますか。

【久次米】　注射的なのはコストの安い韓国でとか、そういうのは日本人も考えてやっていると思います。

【司会（長沢）】　それは好ましいこと、苦々しいこと。どちらでしょうか。

【久次米】　それは患者さまの考えることだから、「こっちがいいよ」とも言えないですし、気持ちよくご自身でご納得されて美容医療を受けていただきたいですね。

【司会（長沢）】　対象になる方の範囲がだんだん広がっている。多くの人、従来抵抗のあった人も最近は随分するようになってきたなという面の広がりか、それとも骨を削るというような、かなり難しいほうの質の深まりか、どちらでしょうか最近は。

【久次米】　面のほうですね。面のほうが圧倒的に多いと思います。

【司会（長沢）】　圧倒的ですか。

【久次米】　いま、簡単志向というか、プチ整形がはやった10年以上前から、裾野が広がっていると思います。

【司会（長沢）】　そうですか。さっき韓国で聞いた話をしましたけれども、そのときに聞いた恐ろしい話で、明洞（ミョンドン）にある人気のバーに行くと、女優さんのチェ・ジウみたいな顔のホステスさんがずらっと10人いると。結局みんなチェ・ジウみたいになりたいと言って美容整形するから、同じ顔が10人並んでいるという世界。そんなことも日本で起こりうるのでしょうか。

【久次米】　日本でそれがあったのは、30年ぐらい前の感じがします。あそこの病院へ行ったらこんなになったというスタイル。いまの日本の手術というのは、さっき言ったプチ整形。大きく変わりたくなく、ちょっとというパターンのほうがシェア的には多いと思うんです。韓国の10人がというのは、そこまでトゥーマッチで変わりたい方が多いのだと思います。やればやるほど似てくると。日本の場合は、そこまでやるという患者さまは少ないと思います。

【司会（長沢）】　それは国民性でしょうか。

【久次米】　国民性になりますかね、やっぱり。

【司会（長沢）】　考えてみると、韓国って儒教の国だから、親からもらった顔にメスを入れるのは抵抗があるような気はするのですが。

【久次米】　韓国の場合は、自分に投資する感覚らしいんです。だから昔から整形してきれいになる、そういうような話は何となく聞いたことがあるんです。だから、整形大国になったと。

【司会（長沢）】　日本が整形大国になるのは、ちょっと考えにくいというご見解ですね。

【久次米】　日本はどうなんでしょう。整形ビジネスはだいぶ伸びていると思うんですけど、大国とまではどうでしょうか。日本人はまだそこまでではなく、ご高齢の方は封建的な考えが抜けていないと思います。プチだったらいいとか。

【司会（長沢）】　お年寄りが出たところで、年齢層的な変化はあるのでしょうか。昔は中年の人ばっかりだったのが、若い人やお年寄りも受けるようになったとか。

【久次米】　科目によってですね。二重なんかはすごく低年齢化していると思います。小学生でも、親が無理やり連れてくることもあるんです。私は一応、話は聞くんですけど、反対するんです。ただし本人がやりたいと言うんであればいいんじゃないですかと。例えば小学生でも芸能方面へ行く子もいますし、そういう子は二重になりたいというのもあります。

この前あったのは、親が6歳ぐらいの女の子を連れてきたんですね、ご両親で。それはなぜかというと、お母さんが実を言うと二重の手術をしていて、子どもには物心つく前にやってあげたいと。私は反対したんですけどね、ちょっとそれは考え過ぎじゃないですかと。そういう人もいました。

【司会（長沢）】　それは悲しいことですね。

【久次米】　そうなんです。ご主人も賛同していましたけど、無理はしなくてもいいんじゃないですかと。

【司会（長沢）】　お子さんがある程度大きくなって、自分はママの子じゃないんじゃないかなんて悩むとか、そういう意味でしょうか。

【久次米】　というよりも、大人になってやるよりも、子どものときに何気なくやっておいてあげたほうがというような感覚だと思います。

【司会（長沢）】　そんな理由なんですか。私が考え過ぎのようですね。

【質問者1（二宮）】　再び二宮です。私はファッションの会社で働いているんですけれども、そこにいて思うことは、デザイナーの感性が時代と合わなくなっていくことがあるなと。18歳向けのブランドのデザイナーが、入りたてのころにはお客さま層と近くて、どんどん求められるものをつくっていけるんだけれども、38、48歳になって、ちょっと違わないかみたいなことが起きてきたりします。

美容に関しても、例えば院長の好みとか、昔の美人と今のかわいい、理想の顔と言われるタレントさんの顔が違うとか、変化があると思うんですけれども、その辺りって何かブラッシュアップされていたりするんですか。

【久次米】　私は個人的には、目鼻はっきりというのが昔から好きだから（笑）。私個人はそんなに変わってはいないと思います。すみません、私事で。

【質問者1（二宮）】　つり目が15年ぐらい前は美人とされていて、ここ数年は垂れ目がかわいいの基準になってきている。それこそ小学生のうちに二重にしてしまって、10年後、美人といえば一重だみたいになっちゃうこともありうるのかなと思うのですけれど。

【久次米】　それは成長というか、いまの食生活が欧米化すると、ますます一重のほうが少なくなるのではないですかね、ひょっとしたら。私はそういう感じがしますけど。いまの子のほうが足も長いし、鼻も高いですしね。やっぱり変わっていますものね。

【司会（長沢）】　恐らくいまの質問は、なりたいとあこがれる美人の様相が昔と今とでは少しずつ変わっているんじゃないですかという、そういう意味もあると思いますね。

【久次米】　確かにバブル期って、女の人はゲジゲジ眉でしたものね。それがだいぶ変わって、最近またそうなっていますよね。時代の移り変わりの影響はあるんでしょうね、やっぱり。

【司会（長沢）】　ちょっと概念的ですけど、正統派美人と個性派美人みたいなのがありますよね。

【久次米】　そうですよね。女性がいるから、ちょっと言えませんね（笑）。またゆっくりとお話を（笑）。好みも入ってくると思いますし。

【司会（長沢）】　やっぱり時代とともに少しずつ変わるのですね。

【久次米】　それは多分変わっていると思います。

【質問者7（杉本）】　がらりと変わった話になりますけれども、需要創出というか、もともと生活必需品ではないサービスだと思うのですが、なかった需要を創出していくしかないと思うのですけれども、そこと倫理のバランスというか、人間をサイボーグみたいに美しくしてしまうということに対する願望とか、そういったものについて、先生のお考えをお聞かせください。

【久次米】この自由診療、倫理観を言い出すと難しいものでして、すごく難しいビジネスだと思うんです。ただ私は、患者さまが美容医療を受けられてコンプレックスがなくなって、心が豊かにハッピーになっていただけるのだとしたら、倫理観とバランスが取れるのではないかと思ったりします。

【質問者7（杉本）】倫理といっても、私の個人的な見解では二つあると思っていて、世間一般に言われる倫理と、心理的な、個人的な倫理というか、その人にとって、例えばいじめられるぐらい顔に何か欠点があるとしたら、その人がいじめられない程度の顔になるためにどんな修正を加えても倫理的に正しいという人もいると思います。その辺のバランスというか、先生はどう考えていらっしゃるのでしょうか。

【久次米】言わんとすることはよくわかります。医療上で言うのであれば、後者の倫理観はＯＫだと思うんです。おっしゃるとおり、いじめの問題とか、目つきが悪いとか、わきがの問題とか、そういうので連れてこられる人もいます。それはやっぱり倫理観を踏まえて治します。両立できるのが一番ベターですね。

【質問者7（杉本）】ありがとうございます。

【司会（長沢）】逆に、手術を受けようと思うのだけれども、心理的な抵抗がやっぱりまだあるというか、逡巡する患者さまも結構多いんじゃないかと思いますが。

【久次米】　それはありますね。
【司会（長沢）】　そういう方を手術に踏み切らせるという、何か説得ポイントがいくつかあったら教えていただきたいと思います。
【久次米】　説得となると、やっぱりさっきの診察になりますかね、結局。そこに時間を費やしながら、リスク、あといまは元に戻せる整形もありますので（驚きの声）、その辺をうまく話をする。私なんかは患者さまがどうしたいかをまず聞くんですね。その中で手術したくないと言ったら、注射。慣れない先生は、いろいろなことを診察で話すんです。結局、話がうまくまとまらない。まず、本人が手術したくないのであれば、医師はつねに患者さまの立場に立って診察をしなければいけないと思います。無理なことを勧めて後悔させてもよくないと思いますし。
【司会（長沢）】　それは診察でメスを入れるのを怖がっているなと思えば、メスを入れないで注射でやる方法もありますよと勧めるという意味ですね。
【久次米】　そうです。その代わり、この辺が限界ですよと。これ以上、良くするためにはメスを入れないと駄目ですよと。
【司会（長沢）】　そういう人が例えば注射でやって何年か過ごしたんだけども、もっと高みを目指したいと言って手術に踏み切るというようなことは。
【久次米】　それは多々あります。例えば、鼻を高くしたい。そうするといまはヒアルロン酸を入れます。ヒアルロン酸の場合は、ヒアルロニダーゼですぐ溶かすこともできるんです。持つのも大体一年とか。嫌だったらすぐ溶かせる。それを何度も何度も一年置きにやっていると、やっぱり高さが欲しい、手術してくださいと。それでプロテーゼを入れる人は結構います。いくらでもグレードアップというのができますし。

【司会（長沢）】そうすると、久次米さんは説得のエキスパートですね（笑）。

【久次米】なかなか人間の心を説得するのは難しいです、やっぱり。

【司会（長沢）】それでも、その中でいくつかポイントになること、あるいは心掛けていらっしゃることを教えてください。

【久次米】いつもいまの感覚でどの患者に対しても接しています。しかし、良心で言ってあげているのに、誰かから虚像、うそを言われて、何院も回る患者さまもいるんです。うそで説得されて、それを信じているという人が一番困りますね。うそを信じてやっちゃう。それで結局、先生の言われたとおりでしたという人が結構いるんです。そこがジレンマですけど。

ここでさっきからみなさんと議論しているように、ブランドもそうだし、そこがうまく解決できればすごくストレスが取れるいい仕事だと思うんですけど、なかなかそこが表に出にくいお仕事なんですね。本当にそこが、いま、みなさんが一番聞きたいところじゃないですかね。

【司会（長沢）】それは例えば、どんなケースでしょうか。

【久次米】 例えば、やはり良くないことというのは、無理やり手術を勧めるクリニックが中にはあるということです。

【司会(長沢)】 インターネットによる口コミでむしろそういったところが糾弾され、共立美容外科は良心的だという評判が増えるんじゃないでしょうか。

【久次米】 口コミサイトだけで患者さまが実態を判断するのはなかなか難しいですね。

【質問者3(山畑)】 医療業界のことは全然知らないんですけど、セカンドオピニオンってあるじゃないですか。美容外科に来る患者さまというのは、恥ずかしいとかそういった気持ちがあって、一つの医院にしか行かないものなんですか。例えばほかの医院と比べてとか、値段もそうですけど、施術内容を確認するとか。僕は何か買うときに、必ず比較する嫌なお客さんなんですけれど(笑)。

【久次米】 普通だと思います。

【質問者3(山畑)】 そういうのを伺うと、例えばデジタルの広告を見て、めちゃ安いなと思って行くところと、共立さんのように名前の知れているところに、二つぐらい候補として行くかなと思うのですけれど、そういう感じではないんですか。

【久次米】 おっしゃるとおりです。いまはセカンド、サードオピニオンと比べられて、僕らは選ばれる方だとありがたいですが。

【質問者3(山畑)】 そういうのはいまオンラインで、チャットとかでもすぐ相談できるじゃないですか。御社のほうでそういうことに投資しなきゃいけないと思います。それがブランディングにつながるんじゃないかなと直感的に思いました。

【久次米】 貴重なご意見ですね。ありがとうございます。

【司会（長沢）】 だいぶ活発に質疑応答をしていただいていますが、最後、私の特権でラストクエスチョンです。久次米さんがお考えになる共立美容外科らしさというのは何でしょうか。

【久次米】 くどいですけど、一言で言うと、まっとうにやっているつもりですというのが共立美容外科ですね。とにかく患者さま第一主義だけは徹底しています。

【司会（長沢）】 それがなかなか世の中に浸透させられない。

【久次米】 それができればもう少しブランディングアップできるかなと思うんですけど、本当にできないんです。30年、どうしていいかがよくわからないです。

複数のクリニックの医院のホームページを比べてみても、自分のところはいいよって書いているのが多いと思います。でも実際に受けてみないとわからないでしょうね。よく患者さまから、二重の相談で、あそこへ行ったんですけど、ここへ行ったんですけど、と言われます。でも、他院で言われたとおりには私はできないので。ただ、冗談で言うのは、ここで片目やって、向こうで片目やってごらん、違いがわかるからって。実際にそんなことはしませんけどね。

本当にこのビジネススクールで何かいいアドバイスをいただきたいぐらいです。

【司会（長沢）】　みんな頑張って（笑）。

今日は大変お忙しい中、提携講座の寄附元で共立美容外科・歯科の久次米ＣＥＯ兼総括院長と島崎理事、和田事業推進部部長にお越しいただきました。今日はどうもありがとうございました。

【久次米】　どうもありがとうございました。（拍手）

◎編者紹介

長沢　伸也（ながさわ　しんや）

早稲田大学大学院経営管理研究科（早稲田大学ビジネススクール）および商学研究科博士課程教授。早稲田大学ラグジュアリーブランディング研究所長。立命館大学教授などを経て、2003年早稲田大学ビジネススクール教授、現在に至る。

仏ESSECビジネススクール、パリ政治学院、立命館アジア太平洋大学各客員教授、LVMHモエヘネシー・ルイヴィトン寄附講座責任者（併任）等を歴任。工学博士（早稲田大学）。専門はデザイン＆ブランド・イノベーションマネジメント論。Journal of Global Fashion Marketing （Routledge）, Luxury Research Journal（Inderscience）など海外学術誌５誌の編集委員・編集顧問。

主な著書として、『ラグジュアリーブランディングの実際―3.1 フィリップ リム、パネライ、オメガ、リシャール・ミルの戦略―』（編著、海文堂出版、2018年）、『日本の“こだわり”が世界を魅了する―熱烈なファンを生むブランドの構築―』（編著、海文堂出版、2017年）、『高くても売れるブランドをつくる！』（編著、同友館、2015年）、『グッチの戦略』（編著、東洋経済新報社、2014年）、『シャネルの戦略』（編著、東洋経済新報社、2010年。韓国語版：Random House（ソウル）、2011年）、『数理的感性工学の基礎―感性商品開発のアプローチ―』（共編著、海文堂出版、2010年）、『それでも強い ルイ・ヴィトンの秘密』（講談社、2009年。中国語版：东华大学出版社（上海）、2016年）、『老舗ブランド企業の経験価値創造』（編著、同友館、2006年。中国語版：中衛發展中心（台北）、2008年）、『ブランド帝国の素顔 LVMHモエヘネシー・ルイヴィトン』（日本経済新聞社、2002年。中国語版：商周出版（台北）、2004年）、訳書に『ラグジュアリー戦略』（東洋経済新報社、2011年）、『ファッション＆ラグジュアリー企業のマネジメント』（共監訳、東洋経済新報社、2013年）など105冊がある。

◎執筆協力者（講演者）

萩平　勉
　一般財団法人 ファッション産業人材育成機構 理事長

遠藤　恵司
　株式会社 ビームス 取締役副社長

山田　洋平
　株式会社 山田松香木店 専務取締役

久次米　秋人
　医療法人社団 美人会 理事長，共立美容外科・歯科 CEO兼総括院長

島崎　友靖
　医療法人社団 美人会 理事

和田　直顕
　医療法人社団 美人会 事業推進部 部長

ISBN978-4-303-72386-6

感性＆ファッション産業の実際

2019年3月8日　初版発行　　　　　　　　　　　　　© S. NAGASAWA 2019

編　者　長沢伸也　　　　　　　　　　　　　　　　　検印省略

発行者　岡田節夫

発行所　海文堂出版株式会社

本社　東京都文京区水道2-5-4（〒112-0005）

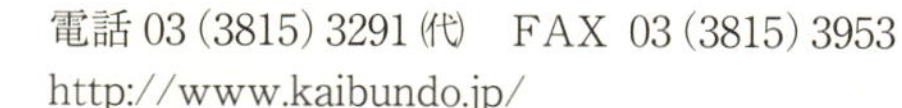

電話 03（3815）3291㈹　FAX 03（3815）3953

http://www.kaibundo.jp/

支社　神戸市中央区元町通3-5-10（〒650-0022）

日本書籍出版協会会員・工学書協会会員・自然科学書協会会員

PRINTED IN JAPAN　　　　　　　印刷　東光整版印刷／製本　誠製本